# 디지털독해가 문해력이다

## 4단계

초등 4 ~ 5학년 권장

KB190236

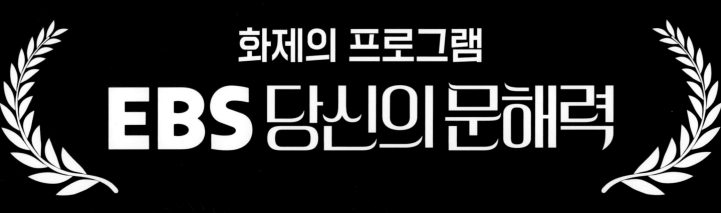

# 디지털독해가 문해력이다

## 4단계

초등 4 ~ 5학년 권장

교과서를 혼자 읽지 못하는 우리 아이?
평생을 살아가는 힘, '문해력'을 키워 주세요!

# '디지털독해가 문해력이다'

## 디지털 매체 학습으로 문해력 키우기

**1** 디지털 매체에서 정보를 알맞게 읽어내는
**문해력**을 키울 수 있습니다.

디지털 매체를 활용한 학습을 하면서 디지털 매체에 담긴 정보를 올바르게 파악할 수 있도록 했습니다.

**2** 교과별 성취 기준을 바탕으로 한
**디지털 매체 학습**을 중심으로 구성했습니다.

각 교과에 나오는 디지털 매체인 온라인 대화방, 인터넷 게시판, 인터넷 백과사전, 인터넷 국어사전,
인터넷 뉴스, 텔레비전 뉴스, 블로그, 웹툰, 광고, 스토리보드, SNS를 중심으로 한 독해 학습이 가능합니다.

**3** 실생활에서 자주 접하는 다양한 디지털 매체를 제시하여
**활용해 보는 활동**을 구성했습니다.

온라인 대화방, 인터넷 백과사전, 웹툰 등 접하기 쉬운 다양한 디지털 매체를 제시했습니다.

**4** 디지털 매체를 활용한 다양한
**독해 활동과 확인 문제**를 구성했습니다.

독해 활동을 하면서 디지털 매체에 대해 이해하고 알맞게 활용할 수 있는지 확인할 수 있습니다.
여러 가지 유형의 확인 문제로 디지털독해를 제대로 학습하였는지 확인할 수 있습니다.

**5** 학습 내용과 함께 **가치 동화**를 제시하여
**5가지 올바른 가치**를 강조했습니다.

5가지 가치인 자신감, 성실, 인내, 행복, 공감을 주제로 한 동화를 구성하여
올바른 가치에 대해 생각해 볼 수 있도록 했습니다.

# EBS 〈당신의 문해력〉 교재 시리즈는 약속합니다.

교과서를 잘 읽고 더 나아가 많은 책과 온갖 글을 읽는 능력을 갖출 수 있도록
문해력을 이루는 **핵심 분야별, 학습 단계별** 교재를 준비하였습니다.
한 권 5회×4주 학습으로
아이의 공부하는 힘, 평생을 살아가는 힘을 EBS와 함께 키울 수 있습니다.

## 어휘가 문해력이다

**어휘** 실력이 교과서를 읽고 이해할 수 있는지를 결정하는 척도입니다.
〈어휘가 문해력이다〉는 교과서 진도를 나가기 전에 꼭 예습해야 하는 교재입니다.
20일이면 한 학기 교과서 필수 어휘를 완성할 수 있습니다.
국어, 수학, 사회, 과학 교과서 수록 필수 어휘들을 교과서 진도에 맞춰
날짜별, 과목별로 공부하세요.

## 쓰기가 문해력이다

**쓰기**는 자기 생각을 표현하는 미래 역량입니다.
서술형, 논술형 평가의 비중은 점점 커지고 있습니다.
객관식과 단답형만으로는 아이들의 생각과 미래를 살펴볼 수 없기 때문입니다.
막막한 쓰기 공부. 이제 단어와 문장부터 하나씩 써 보며 차근차근 학습하는
〈쓰기가 문해력이다〉와 함께 쓰기 지구력을 키워 보세요.

## ERI 독해가 문해력이다

**독해**를 잘하려면 체계적이고 객관적인 단계별 공부가 필수입니다.
기계적으로 읽고 문제만 푸는 독해 학습은 체격만 키우고 체력은 미달인 아이를 만듭니다.
〈ERI 독해가 문해력이다〉는 특허받은 독해 지수 산출 프로그램을 적용하여 글의 난이도를
체계화하였습니다.
단어 · 문장 · 배경지식 수준에 따라 설계된 단계별 독해 학습을 시작하세요.

## 배경지식이 문해력이다

**배경지식**은 문해력의 중요한 뿌리입니다.
하루 두 장, 교과서의 핵심 개념을 글과 재미있는 삽화로 익히고 한눈에 정리할 수 있습니다.
시간이 부족하여 다양한 책을 읽지 못하더라도 교과서의 중요 지식만큼은 놓치지 않도록
〈배경지식이 문해력이다〉로 학습하세요.

## 디지털독해가 문해력이다

**디지털독해력**은 다양한 디지털 매체 속 정보를 읽어내는 힘입니다.
아이들이 접하는 디지털 매체는 매일 수많은 정보를 만들어 내기 때문에
디지털 매체의 정보를 판단하는 문해력은 현대 사회의 필수 능력입니다.
〈디지털독해가 문해력이다〉로 교과서 내용을 중심으로 디지털 매체 속 정보를 확인하고
다양한 과제를 해결해 보세요.

# 교재의 구성과 특징

한 주에 5회 학습 계획을 세워 공부할 수 있도록 구성했습니다.

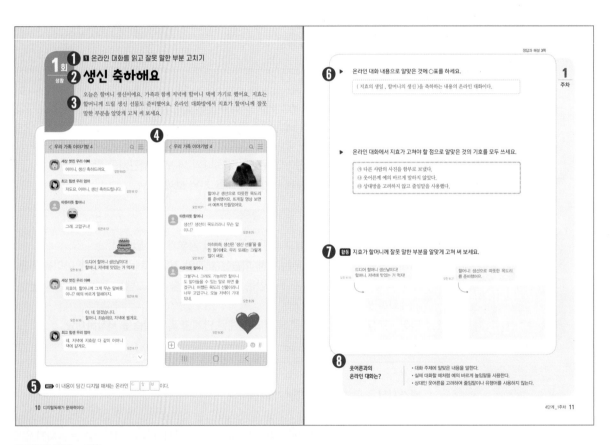

## 주차별 학습 내용

❶ **성취 기준**   학습할 디지털 매체와 학습 방향을 제시했습니다.
❷ **제목**   학습 내용의 제목을 제시했습니다.
❸ **생각 열기**   학습 동기를 불러일으키는 활동 내용을 제시했습니다.
❹ **본문 학습**   실생활에서 자주 보는 디지털 매체의 특성을 살려 본문 학습을 구성했습니다.
❺ **확인**   본문에 사용된 디지털 매체를 확인할 수 있도록 한 문장으로 구성했습니다.
❻ **바탕 학습**   본문 내용을 확인해 보는 문제로 구성했습니다.
❼ **돋움 학습**   디지털 매체의 특성을 알고 적용해 볼 수 있는 활동으로 구성했습니다.
❽ **학습 정보**   본문 학습과 관련된 정보나 디지털 매체에 대한 보충 설명으로 내용을 구성했습니다.

## 확인 문제
한 주 동안 학습한 내용을 다양한 문제 유형으로 확인할 수 있도록 구성했습니다.

## 디지털 매체 다시 보기
디지털 매체를 다시 한 번 살펴보면서 상황에 따라 알맞은 디지털 매체를 활용하는 방법을 제시했습니다.

## 가치 동화
5가지 가치(자신감, 성실, 인내, 행복, 공감)를 담아 생활 속 이야기를 구성했습니다.

# 활용 디지털 매체 보기

온라인 대화방

웹툰

인터넷 백과사전

인터넷 게시판

텔레비전 뉴스

블로그

# 교재의 차례

연우는 김연아 선수 같은 훌륭한 피겨스케이팅 선수가 되는 것이 꿈이에요.

그래서 피겨스케이팅을 열심히 연습하는데 함께 피겨스케이팅을 배우던

주리가 연습을 그만두게 되어요. 그 후로도 연우는 열심히 연습을 하고

승급 시험 대회에서 사촌동생을 응원하러 온 주리를 만나게 되는데…….

– 가치 동화 〈이겨내고, 또 이겨내고〉 –

# 1 주차

**1** 온라인 대화를 읽고 잘못 말한 부분 고치기

# 생신 축하해요

오늘은 할머니 생신이에요. 가족과 함께 저녁에 할머니 댁에 가기로 했어요. 지효는 할머니께 드릴 생신 선물도 준비했어요. 온라인 대화방에서 지효가 할머니께 잘못 말한 부분을 알맞게 고쳐 써 보세요.

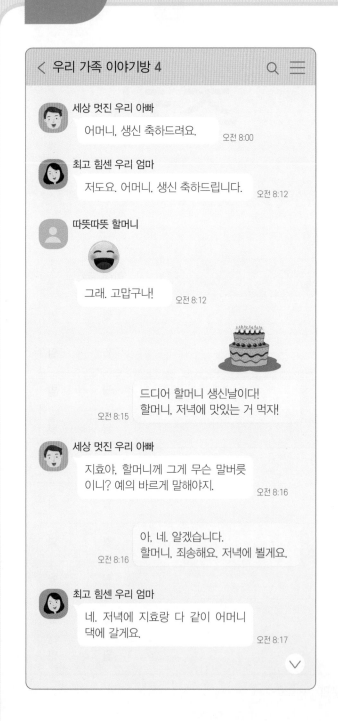

< 우리 가족 이야기방 4

**세상 멋진 우리 아빠**
어머니, 생신 축하드려요. 오전 8:00

**최고 힘센 우리 엄마**
저도요. 어머니, 생신 축하드립니다. 오전 8:12

**따뜻따뜻 할머니**
그래. 고맙구나! 오전 8:12

드디어 할머니 생신날이다!
할머니, 저녁에 맛있는 거 먹자! 오전 8:15

**세상 멋진 우리 아빠**
지효야, 할머니께 그게 무슨 말버릇
이니? 예의 바르게 말해야지. 오전 8:16

아, 네. 알겠습니다.
할머니, 죄송해요. 저녁에 뵐게요. 오전 8:16

**최고 힘센 우리 엄마**
네. 저녁에 지효랑 다 같이 어머니
댁에 갈게요. 오전 8:17

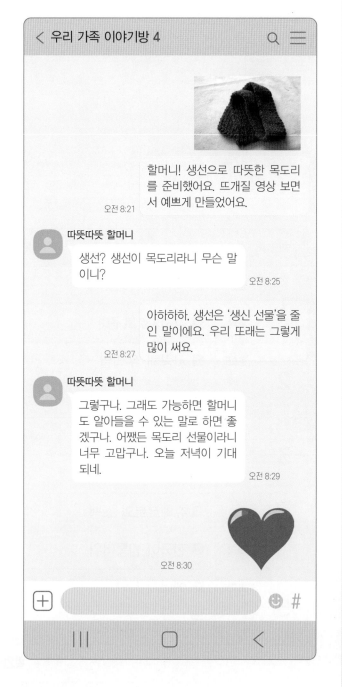

< 우리 가족 이야기방 4

할머니! 생선으로 따뜻한 목도리
를 준비했어요. 뜨개질 영상 보면
서 예쁘게 만들었어요. 오전 8:21

**따뜻따뜻 할머니**
생선? 생선이 목도리라니 무슨 말
이니? 오전 8:25

아하하하, 생선은 '생신 선물'을 줄
인 말이에요. 우리 또래는 그렇게
많이 써요. 오전 8:27

**따뜻따뜻 할머니**
그렇구나. 그래도 가능하면 할머니
도 알아들을 수 있는 말로 하면 좋
겠구나. 어쨌든 목도리 선물이라니
너무 고맙구나. 오늘 저녁이 기대
되네. 오전 8:29

오전 8:30

**확인** 이 내용이 담긴 디지털 매체는 온라인 ⬜디 ⬜ㅎ ⬜ㅂ 이다.

▶ 온라인 대화 내용으로 알맞은 것에 ○표를 하세요.

**1**

( 지효의 생일 , 할머니의 생신 )을 축하하는 내용의 온라인 대화이다.

▶ 온라인 대화에서 지효가 고쳐야 할 점으로 알맞은 것의 기호를 모두 쓰세요.

㉮ 다른 사람의 사진을 함부로 보냈다.
㉯ 웃어른께 예의 바르게 말하지 않았다.
㉰ 상대방을 고려하지 않고 줄임말을 사용했다.

**활동** 지효가 할머니께 잘못 말한 부분을 알맞게 고쳐 써 보세요.

오전 8:15

드디어 할머니 생신날이다!
할머니, 저녁에 맛있는 거 먹자!

오전 8:21

할머니! 생선으로 따뜻한 목도리
를 준비했어요.

**웃어른과의
온라인 대화는?**

• 대화 주제에 알맞은 내용을 말한다.
• 실제 대화할 때처럼 예의 바르게 높임말을 사용한다.
• 상대인 웃어른을 고려하여 줄임말이나 유행어를 사용하지 않는다.

## 2 인터넷 백과사전을 읽고 SNS에 올릴 광고 만들기

# 감자 vs 고구마

인터넷 백과사전에서 감자와 고구마를 검색해 보았어요. 간단한 검색으로 다양한 정보들을 쉽게 찾을 수 있었어요. 인터넷 백과사전 내용을 바탕으로 SNS에 올릴 고구마를 알리는 광고를 만들어 보세요.

e 똑똑백과사전　　　　　　　　　　　　　사전 소개 ｜ 연표

## 감자　가짓과의 여러해살이풀.

감자는 온대 지방에서 자라는 여러해살이풀로, 우리나라에는 1800년대에 전해졌다. 땅속의 줄기 마디에서 나온 줄기의 끝이 커진 부분이 우리가 먹는 감자이다. 6월에 자주색이나 흰색의 꽃이 피고, 꽃이 지고 나면 그 자리에 토마토와 비슷한 모양의 열매가 열린다. 감자는 세계 4대 농작물로 삶거나 구워서 먹기도 하는 등 음식의 재료로 다양하게 이용되고, 술의 재료로 사용되기도 한다. 감자에 들어 있는 비타민은 피부를 좋게 하고, 감자의 대부분인 탄수화물에는 위를 건강하게 만드는 성분이 포함되어 있다.

e 똑똑백과사전　　　　　　　　　　　　　사전 소개 ｜ 연표

## 고구마　메꽃과의 여러해살이풀.

고구마는 우리나라 전 지역에서 자라는 여러해살이풀이다. 줄기가 땅 위에서 길게 뻗으면서 자란다. 줄기에서 땅속으로 내린 뿌리의 끝이 커지면 고구마가 된다. 7~8월에 나팔꽃과 비슷한 모양의 꽃이 피고, 동그란 모양의 열매가 열린다. 고구마는 감자와 함께 옛날부터 가난한 사람들의 배고픔을 해결해 주었던 구황 작물이고, 맛이 달콤해서 간식으로 많이 이용된다. 비타민, 칼륨 등 영양소가 많이 들어 있어 건강에 좋고 특히 식이섬유가 많아서 다이어트에 도움이 된다.

**확인** 이 내용이 담긴 디지털 매체는 인터넷 [ㅂ][ㄱ][ㅅ][ㅈ]이다.

▶ 인터넷 백과사전에서 찾은 감자와 고구마에 대한 설명을 선으로 이으세요.

| 감자 | • | | • | 줄기의 끝이 커져서 만들어진다. |

| 고구마 | • | | • | 뿌리의 끝이 커져서 만들어진다. |

▶ 인터넷 백과사전을 이용하면 좋은 점을 골라 ○표를 하세요.

| 대상과 관련된 사진이나 영상 등의 정보를 얻을 수 있다. | |
| --- | --- |
| 목소리, 표정, 몸짓 등을 통해 다양한 정보를 알 수 있다. | |

활동 인터넷 백과사전에서 찾은 고구마의 특징을 바탕으로 고구마 판매 광고를 SNS에 올리려고 합니다. SNS에 올라온 감자 판매 광고를 참고하여 광고를 만들어 보세요.

Proo_ta_too

감자 판매합니다. 삶거나 구워서 먹을 수 있는 햇감자가 왔어요.
#포동포동감자 #세계4대농산물 #피부에좋아 #위건강

258 Likes

sweeet_ii

0 Likes

**감자와 고구마는 형제?**

아니다. 감자와 고구마는 생김새가 비슷할 뿐 다른 종류의 식물이다.
감자는 줄기의 일부분이 커진 덩이줄기이고, 고구마는 뿌리 중 일부분이 커진 덩이뿌리이다. 또 감자는 전분이 많아서 소화가 잘 되지만 고구마는 섬유질이 많아서 소화가 잘 안 된다는 점도 차이점이다.

**1** 웹툰을 읽고 외국어를 우리말로 바꾸기

# 사랑해, 우리말

비니와 파니가 햄버거를 파는 음식점에 갔어요. 음식을 주문하며 비니와 파니가 외국어를 많이 사용하네요. 웹툰 〈사랑해, 우리말〉을 다시 읽고 비니와 파니의 대화 속에 나온 외국어를 우리말로 바꾸어 보세요.

### 웹툰에 어떤 외국어를 사용했는지 살펴볼까요?

**패스트푸드**
- 뜻: 주문하면 즉시 완성되어 나오는 식품.
- 우리말: 즉석 식품, 즉석 음식

**키오스크**
- 뜻: 공중 장소 등에 설치하는 무인 정보 단말기.
- 우리말: 무인 단말기

**테이크아웃**
- 뜻: 식당에서 음식을 먹지 않고 포장해 가는 것.
- 우리말: ?

**확인** 이 내용이 담긴 디지털 매체는 ㅇ ㅌ 이다.

▶ 웹툰에서 비니와 파니가 간 장소로 알맞은 것에 ○표를 하세요.

| 학교 | 음식점 | 백화점 |

▶ 외국어를 우리말로 알맞게 바꾼 것을 선으로 이으세요.

| 패스트푸드 | · | · | 무인 단말기 |
| 키오스크 | · | · | 즉석 식품 |

**활동** 파니가 한 말 중 외국어 '테이크아웃'을 알맞은 우리말로 바꾸어 써 보세요.

바꾸기 전

비니야, 사람도 많은데 우리 테이크아웃해서 나가자.

바꾼 후

**웹툰이란?**

· 인터넷을 뜻하는 웹(web)과 만화를 뜻하는 카툰(cartoon)을 합한 말이다.
· 글자와 그림으로 이야기가 구성된다.
· 인터넷을 통해 여러 회차를 올려 놓고, 볼 수 있다.
· 인터넷을 사용할 수 있는 곳에서 언제 어디서든 볼 수 있다.

## ② 인터넷 게시판을 읽고 댓글 쓰기

# 쓰레기를 줄여요

성규는 쓰레기로 가득 찬 쓰레기통을 보고 깜짝 놀랐어요. 쓰레기가 너무 많다는 생각이 들었거든요. 쓰레기가 많으면 환경은 오염될 수밖에 없어요. 인터넷 학급 게시판의 글을 읽고 나의 생각을 댓글로 써 보세요.

---

**4학년 1반 학급 게시판**

🏠 우리들의 이야기 > 4학년 1반 > 자유 게시판　　　　　↗ 인쇄

### 쓰레기를 줄이기 위해 작은 일부터

작성자: 채성규 ｜ 작성일: 20○○.10.09  10:40 ｜ 조회 4

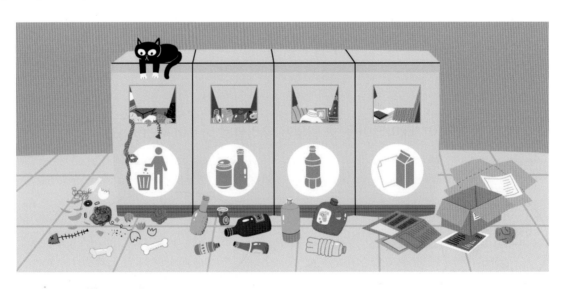

어제 하굣길에 학교 교문 옆 쓰레기통을 보고 깜짝 놀랐어.
쓰레기가 너무 많아서 넘치는거야.
요즘은 사람들이 일회용품도 너무 많이 쓰고, 불필요한 물건을 많이 사기도 해서 쓰레기가 너무 많아졌다는 생각이 들었어. 쓰레기를 줄이면 쓰레기 때문에 환경이 오염되는 일도 줄어들지 않을까?
얘들아, 우리 같이 쓰레기를 줄이기 위해 아주 작은 일이라도 해 보는 것이 어때?
나는 플라스틱 빨대를 안 쓰기로 했어. 일회용품 사용을 줄일 수도 있고, 플라스틱 사용도 줄일 수 있거든. 가끔 음료수를 마실 때 불편하기도 하지만 약간의 불편함이 환경에 도움이 된다면 참을 수 있어. 혹시 너희들도 쓰레기를 줄이기 위해 노력하고 있는 일이 있니? 만약 아직 생각해 본 적이 없다면 함께 생각해 보고 실천하는 것은 어떨까?

---

**확인** 이 내용이 담긴 디지털 매체는 인터넷 ㄱ ㅅ ㅍ 이다.

**1**
주차

▶ 학급 게시판에서 성규가 친구들에게 말하려는 내용은 무엇인지 골라 ○표를 하세요.

( 쓰레기 , 음료수 )를 줄이기 위해 작은 일부터 실천해 보자.

▶ 학급 게시판에 글을 쓸 때 지켜야 할 점의 기호를 모두 쓰세요.

㉮ 말하려는 내용을 부풀려서 과장되게 표현해야 한다.
㉯ 댓글을 쓸 때는 게시판의 글에 알맞은 내용으로 써야 한다.
㉰ 직접 보면서 말하는 것이 아니므로 읽을 사람을 고려하여 예의 바르게 글을 써야
한다.

**활동** 나라면 쓰레기를 줄이기 위해 어떤 일을 할 수 있을지 댓글을 써 보세요.

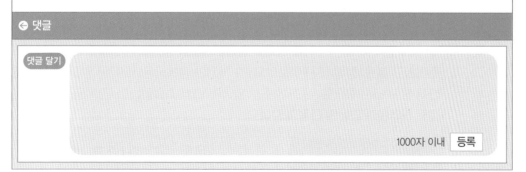

♥ 공감 5 | ∨     💬 댓글 2 | ∧

↳ **진영** 나는 좋아. 난 요즘 급식실에서 반찬을 담을 때 먹을 만큼만 담아서 먹어. 맛있는
음식이 많은 만큼 버려지는 음식물 쓰레기도 너무 많거든. 먹을 만큼만 담아서 음
식물 쓰레기를 줄이는 것도 중요해.

↳ **한결** 나도 찬성이야. 우리 가족은 냉동 식품을 살 때 들어 있는 아이스 팩을 전용 수거
함에 넣고 있어. 수거함에 모아진 아이스 팩은 그것이 필요한 동네 상인들에게 나
누고 다시 얼려서 재사용한대. 나에게 필요 없는 물건이라도 누군가에게는 필요
한 물건이잖아. 점점 더 많은 사람들이 이런 노력을 함께 했으면 좋겠어.

⊙ 댓글

댓글 달기

1000자 이내  등록

**쓰레기를 줄이는 방법** | • 종이컵, 나무젓가락, 종이접시 등 일회용품은 꼭 필요할 때만 사용한다.
• 옷, 장난감 등 나에게 필요 없는 물건은 필요한 사람에게 나누어 준다.
• 인쇄된 종이 뒷면은 연습장이나 메모지 등으로 이용한다.
• 물건을 살 때 재활용이 가능한 제품인지 확인하고 산다.

**1** 블로그를 읽고 소개할 내용 정리하기

# 우리나라의 궁궐

우리나라에는 대표적인 다섯 궁궐인 경복궁, 창덕궁, 창경궁, 경희궁, 덕수궁이 있어요. 옛날 임금들이 살았던 우리나라의 궁궐에 대해 정리된 블로그를 읽고 소개하는 내용을 정리해 보세요.

---

🏠 민들레 홀씨 ×  🏠 동화 세상 × | +     ∨ — ⬜ ✕

← → C

내 블로그 | 이웃 블로그 | 블로그 홈 [로그인] ▦

블로그 🔟 |                                                    메모 | 안부

## 우리나라의 궁궐을 소개합니다

**공부하는 역사 지킴이**
**(Moou_sse)**

세종대왕을 존경하는 역사 지킴이입니다. 각 시대별로 재미있는 역사 이야기를 정리하고 있어요.

---

😎 공부하는 역사 지킴이   2000. 10. 09  17:33                    URL 복사

프랑스의 베르사유 궁, 러시아의 크렘린 궁, 중국의 자금성.
이런 궁궐의 이름을 들어 본 적이 있을 거예요. 임금이 생활하는 곳. 바로 궁궐이에요.
우리나라에도 옛날 임금들이 살았던 궁궐이 있답니다.

*우리나라의 궁궐은 현재 다섯 개가 남아 있는데*
*어떤 곳이 있는지 정리해 보았어요.*

### 경복궁

경복궁은 조선을 세운 태조가 수도를 한양으로 정하면서 지은 조선의 대표 궁궐이에요. 나라를 대표하는 법궁이지요. 한양의 중심에 위치하고 뒤에는 산이, 앞에는 나라의 여러 업무를 보는 관청이 있었어요. 경복궁라는 이름은 '하늘이 내린 큰복'이라는 뜻이라고 해요. 정말 멋진 이름이지요? 하지만 경복궁은 1592년 임진왜란 때 큰불이 나서 불에 타 버렸어요. 그래서 조선 말기에 다시 지었답니다. 경복궁은 여러 개의 건물로 이루어져 있는데 다음과 같아요.

▲ 경복궁의 경회루

| 근정전 | 임금의 즉위식이나 큰 행사를 하던 곳 |
| 사정전 | 왕이 신하들과 업무를 하던 곳 |
| 강녕전 | 임금이 일상 생활을 하던 곳 |
| 경회루 | 임금과 신하가 연회를 하던 곳 |

---

**확인** 이 내용이 담긴 디지털 매체는 [ ㅂ | ㄹ | ㄱ ] 이다.

### 창덕궁

창덕궁은 조선의 임금들이 가장 오래 머물렀던 궁궐이에요. 경복궁의 동쪽에 위치하고 있는데 임진왜란 때 경복궁과 함께 불에 타서 1600년대에 다시 지었어요. 조선 말기에 경복궁이 다시 지어지기 전까지 거의 300년 동안 창덕궁이 조선의 법궁 역할을 했답니다. 창덕궁은 건물이나 정원이 주변의 자연환경과 잘 어우러지고 아름다워서 유네스코 세계 유산으로 지정되었어요.

▲ 창덕궁의 인정전

### 창경궁

창경궁은 창덕궁 옆에 있어서 창덕궁과 함께 동궐로 불렸어요. 성종이 왕실의 왕후들에게 효도하기 위해 만든 궁궐로, 일제 강점기에는 궁궐의 일부분이 훼손되어서 복원하기도 했어요.

▲ 창경궁의 명정전

### 경희궁

경희궁은 경복궁의 서쪽에 있어서 서궐로 불렸어요. 창덕궁, 창경궁과 함께 중요한 궁궐이었지만 많이 훼손되어서 현재는 일부분만이 복원되어 있어요.

### 덕수궁

덕수궁은 임진왜란으로 경복궁이 불탔을 때 당시 임금이었던 선조가 피난을 와서 머물렀던 곳이에요. 처음에는 경운궁이라고 이름 지어졌고, 조선 말기에 고종이 머물면서 덕수궁이라고 불렸어요. 고종은 이곳에서 대한제국을 세운다는 사실을 널리 알렸어요.

▲ 덕수궁의 중화전 내부

*어때요. 우리나라의 다섯 궁궐, 모두 가 보고 싶지요?*

이웃 블로거 ▲

K-세종

활동 정보 ▲

블로그 이웃 32명
글 보내기 0회
글 스크랩 107회

#조선시대궁궐 #경복궁 #창덕궁 #창경궁 #경희궁 #덕수궁

---

**블로그의 좋은 점은?**

• 개인의 이야기나 관심 있는 내용을 주제별로 쓸 수 있다.
• 사진과 동영상을 사용하여 내용을 효과적으로 쓸 수 있다.
• 사람들과 공감하는 내용을 남길 수 있다.
• 편집이 자유롭다.

▶ 블로그를 읽고 알 수 있는 정보는 무엇인지 ○표를 하세요.

| 우리나라의 궁궐 | 중국의 궁궐 | 세계 여러 나라의 궁궐 |
|---|---|---|

▶ 블로그의 내용으로 알맞은 것에 모두 ○표를 하세요.

| 궁궐은 임금이 생활하는 곳이었다. | |
|---|---|
| 우리나라의 대표적인 궁궐은 네 개이다. | |
| 베르사유 궁, 크렘린 궁, 자금성은 각각 프랑스, 러시아, 중국의 궁궐이다. | |

▶ 궁궐에 대한 설명에 알맞게 선으로 이으세요.

| 경복궁 | · | · | 조선의 대표 궁궐이다. |
|---|---|---|---|
| 덕수궁 | · | · | 유네스코 세계 유산으로 지정된 궁궐이다. |
| 창덕궁 | · | · | 고종이 대한제국을 세운다는 사실을 널리 알렸던 궁궐이다. |

**활동** 블로그의 내용을 바탕으로 우리나라의 궁궐을 소개하는 내용을 정리해 보세요.

| 경복궁 |
| --- |
| • 조선의 대표 궁궐이다.<br>• 조선의 수도였던 한양의 중심에 위치하였다.<br>• |

| 창덕궁 |
| --- |
| • 조선의 임금들이 가장 오래 머물 렀던 궁궐이다.<br>• 임진왜란 때 불타서 다시 지었다.<br>• |

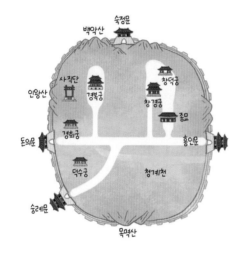

| 경희궁 |
| --- |
| • 경복궁의 서쪽에 있어서 서궐로 불렸다.<br>• |

| 창경궁 |
| --- |
| • 창덕궁과 함께 동궐로 불리는 궁 궐이다.<br>• |

| 덕수궁 |
| --- |
| • 임진왜란 때 선조가 피난을 와서 머물렀던 곳이다.<br>• 처음에는 경운궁이라고 불리다가 덕수궁으로 이름을 바꾸었다.<br>• |

**2 인터넷 게시판을 읽고 한 줄 댓글 쓰기**

# 의견을 듣습니다

민주 어린이도서관에서는 한글날을 맞이하여 도서관을 이용하는 사람들에게 의견을 묻고 있네요. 인터넷 게시판에 어떤 댓글이 쓰여 있는지 읽어 보고 한 줄 댓글을 써 보세요.

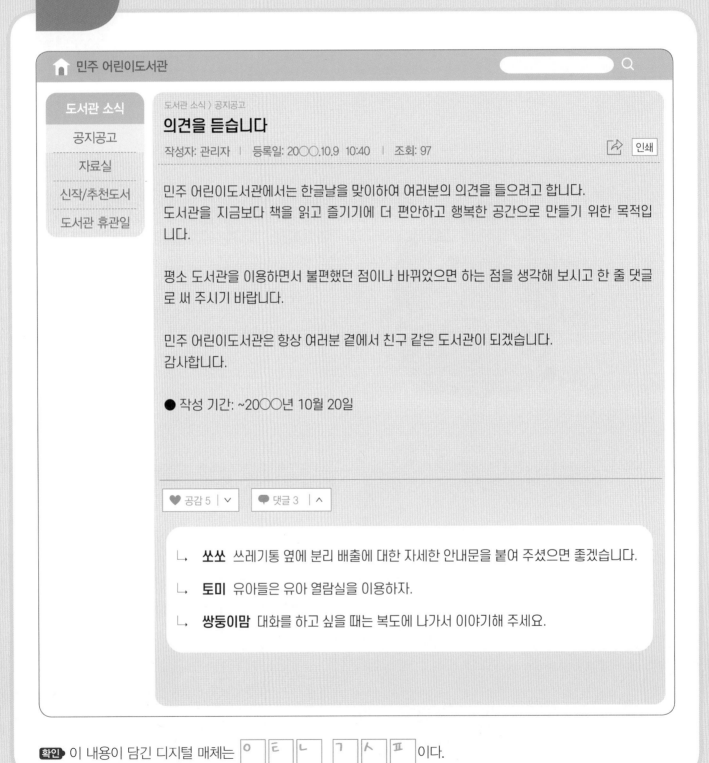

🏠 민주 어린이도서관                                                      Q

| 도서관 소식 |
| :---: |
| 공지공고 |
| 자료실 |
| 신작/추천도서 |
| 도서관 휴관일 |

도서관 소식 〉 공지공고
### 의견을 듣습니다
작성자: 관리자 | 등록일: 20〇〇.10.9 10:40 | 조회: 97                    ↗ 인쇄

민주 어린이도서관에서는 한글날을 맞이하여 여러분의 의견을 들으려고 합니다.
도서관을 지금보다 책을 읽고 즐기기에 더 편안하고 행복한 공간으로 만들기 위한 목적입니다.

평소 도서관을 이용하면서 불편했던 점이나 바뀌었으면 하는 점을 생각해 보시고 한 줄 댓글로 써 주시기 바랍니다.

민주 어린이도서관은 항상 여러분 곁에서 친구 같은 도서관이 되겠습니다.
감사합니다.

● 작성 기간: ~20〇〇년 10월 20일

♥ 공감 5 | ∨        💬 댓글 3 | ∧

 ㄴ, **쏘쏘** 쓰레기통 옆에 분리 배출에 대한 자세한 안내문을 붙여 주셨으면 좋겠습니다.

 ㄴ, **토미** 유아들은 유아 열람실을 이용하자.

 ㄴ, **쌍둥이맘** 대화를 하고 싶을 때는 복도에 나가서 이야기해 주세요.

**확인** 이 내용이 담긴 디지털 매체는 [ㅇ][ㅌ][ㄴ][ㄱ][ㅅ][ㅍ]이다.

▶ 다음 내용은 게시판의 댓글 중 누구의 댓글과 관련 있는지 ○표를 하세요.

> 안녕하세요. 저는 여섯 살, 아홉 살된 두 아이의 엄마입니다. 아이들을 데리고 주말마다 민주 어린이도서관을 자주 갑니다. 책을 읽다가 준비해 간 음료를 마시기 위해 아이들과 휴게실에 가기도 합니다. 그런데 휴게실에 분리 배출 쓰레기통이 있는데도 일부 사람들이 분리 배출을 제대로 하지 않아서 불편합니다.

| 쌍둥이맘 | 토미 | 쏘쏘 |
|---|---|---|

▶ 인터넷 게시판에 댓글을 쓸 때 주의할 점으로 알맞은 것의 기호를 쓰세요.

> ㉮ 항상 자신의 실제 이름을 밝혀야 한다.
> ㉯ 가능하면 내용을 길게 쓰는 것이 좋다.
> ㉰ 여러 사람이 읽는 것이므로 표현에 주의하는 것이 좋다.

**활동** '내'가 민주 어린이도서관을 이용하는 사람이라면 어떤 말을 하고 싶은지 한 줄 댓글을 써 보세요.

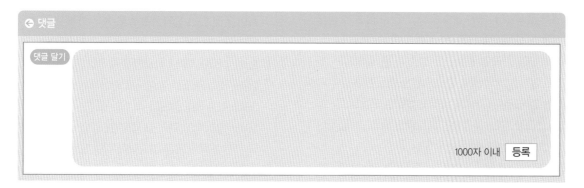

**인터넷 게시판에 댓글을 쓸 때는?**

· 자신의 실제 이름을 밝혀도 되고, 닉네임을 써도 된다.
· 여러 사람이 읽는 것이므로 표현에 주의하는 것이 좋다.
· 쓸 내용을 정확히 담아 간단히 쓴다.

**1 인터넷 백과사전을 읽고 공통점과 차이점 정리하기**

# 슈베르트와 쇼팽

19세기의 음악가 슈베르트와 쇼팽.
인터넷 백과사전에서 찾은 두 사람의 일생을 살펴보고, 두 음악가의 공통점과 차이점을 정리해 보세요.

오후 02:30    100%

똑똑백과사전

## 가곡의 왕 슈베르트

프란츠 페터 슈베르트

1797년 출생하고 1828년 사망한 오스트리아 국적의 음악가이다. 1797년 가난한 집에서 태어났으며, 11세에 중정 학교에 들어가 합창단원으로 활동하였다. 음악가 집안이었으나 집안 형편이 어려워서 어쩔 수 없이 아버지의 뜻대로 교사가 되었다. 그러나 원하던 일이 아니라고 생각한 슈베르트는 음악가의 길을 고집하여 결국 집에서 쫓겨났다. 음악 레슨을 하고, 친구 집에 얹혀 살며 열심히 곡을 만들었다. 1500여 작품 중 가곡이 633곡이나 되어 가곡의 왕이라고 불리게 된 것이다. 베토벤과의 일화는 유명한데, 임종을 앞둔 베토벤이 슈베르트에게 "슈베르트, 자네를 일찍 만났어야 했는데." 라는 말을 했다고 한다. 존경하던 베토벤의 임종 후 얼마 되지 않아 슈베르트도 죽음을 맞이했다.
대표 작품으로는 <마왕>, <송어>, <들장미>, <<겨울 나그네>> 중 <보리수> 등이 있다.

오후 02:30    100%

똑똑백과사전

## 폴란드 국민들이 사랑하는 작곡가 쇼팽

프레데리크 프랑수아 쇼팽

1810년 출생~1849년 사망, 국적 폴란드
1810년 평범한 가정에서 태어났다.
7세: 악보집 <<폴로네이즈>>에 수록된 곡들을 썼다.
15세: 러시아 황제 앞에서 연주를 하며 실력을 인정 받았다.
21세: 유학 생활을 접고 군인이 되려고 하였으나 아버지의 뜻에 따라 음악가의 길을 계속 가게 되었다.
22세: 파리에서 리스트, 멘델스존 등을 만났다.
23세: 1829년부터 작곡한 연습곡이 출판되었다.
26세: 소설가 조르주 상드를 만나 사랑에 빠졌다.
30세: 폐결핵이 걸렸다.
39세: 병이 깊어져서 세상을 떠났다. 수많은 피아노곡을 남긴 쇼팽의 몸은 마지막에 살던 프랑스에 묻혔지만, 심장은 폴란드에 묻혔다.
대표 작품: <폴로네이즈>, <혁명>, <흑건>, <빗방울 전주곡>, <녹턴> 등

**확인** 이 내용이 담긴 디지털 매체는 인터넷 ⬜ㅂ ⬜ㄱ ⬜ㅅ ⬜ㅈ 이다.

▶ 인터넷 백과사전에서 어떤 음악가에 대한 정보를 찾았는지 알맞은 것에 모두 ○표를 하세요.

| 쇼팽 | 베토벤 | 슈베르트 |

▶ 다음은 누구에 대한 설명인지 쓰세요.

> • 가곡의 왕이라고 불린다.
> • 아버지의 뜻에 따라 교사가 되지만, 다시 음악가의 길을 걷는다.
> • 대표 작품으로 〈마왕〉, 〈송어〉, 〈보리수〉가 있다.
> • 존경하는 음악가는 베토벤이다.

**활동** 인터넷 백과사전에서 찾은 정보를 바탕으로 두 음악가의 공통점과 차이점을 정리해 보세요.

| 공통점 | 차이점 |
| --- | --- |
| • 같은 때에 활동하던 음악가이다.<br><br>•<br><br>• | • 슈베르트는 오스트리아에서 태어났고, 쇼팽은 폴란드에서 태어났다.<br><br>•<br><br>• |

**같은 때에 활동했던 음악가들은?**

• 슈베르트(오스트리아), 멘델스존(독일), 슈만(독일), 쇼팽(폴란드), 브람스(독일)는 19세기 초반, 유럽에 살았던 음악가들이다.
• 낭만주의 음악가들이다.

**2 뉴스 방송 대본을 읽고 온라인 대화 하기**

# 전국이 찜통더위

텔레비전 뉴스에 일기예보가 나왔어요. 일기예보에서는 여러 날 동안 이어지고 있는 찜통더위를 설명하고 오늘의 날씨와 앞으로의 날씨에 대해 알려 주었어요. 뉴스 방송 대본을 읽고 정리한 내용을 온라인 대화방에 써 보세요.

토요일인 내일은 전국에 폭염 주의보가 내리면서 찜통더위가 이어질 예정입니다.

전국 '찜통더위' 낮 최고 기온 35도까지

남부 지방은 5일 연속 30도를 웃돌고 있습니다. 오늘 기상청은 서울, 경기, 충청을 제외한 전국 대부분 지역의 낮 최고 기온이 35도까지 올라 무더울 것으로 내다봤습니다.

각 지역별 낮 최고 기온은 부산, 울산, 김해, 마산 34도, 대구, 칠곡, 구미, 포항 35도, 횡성, 춘천, 철원, 원주, 태백 35도, 무안, 화순, 순천, 목포, 여수 35도, 서울, 김포, 안산, 화성 30도 등입니다. 낮 동안의 고온 현상으로 인하여 밤에는 열대야가 나타나는 곳이 있겠습니다.

오늘 아침 최저 기온은 29~32도로 비교적 높겠고, 미세먼지 농도는 전국이 '좋음'으로 나타나겠습니다.

폭염 경보는 낮 최고 기온이 35도 이상인 날이 2일 이상 계속될 경우 내려지고, 폭염 주의보는 낮 최고 기온이 33도 이상인 날이 2일 이상 계속될 것으로 예상될 경우 발표됩니다. 열대야는 밤사이 최저 기온이 25도 이상인 경우를 말합니다. 이처럼 폭염 주의보가 발표되면 가능한 한 야외 활동을 하지 않고, 물을 자주 마셔야 합니다. 또 강한 햇볕을 피해 실내에서 있는 것이 좋습니다. 계속 이어지는 무더위에 건강 주의하시기 바랍니다.

주말인 내일부터는 장마 전선의 영향으로 전국이 대체로 흐려지면서 더위가 점차 수그러들겠습니다.

**확인** 이 내용이 담긴 디지털 매체는 ㅌ ㄹ ㅂ ㅈ 뉴스이다.

▶ 텔레비전 뉴스를 보고 알 수 있는 오늘의 날씨를 알맞게 말한 친구의 이름을 쓰세요.

> 민규: 장마 전선의 영향으로 전국이 대체로 흐린 날씨야.
> 은율: 전국 대부분의 낮 최고 기온이 35도 이상의 폭염이라서 아주 더워.

▶ 알맞은 말에 ○표를 하세요.

> 텔레비전 뉴스는 ( 화면 , 지면 )을 통해 시각적으로 내용을 전달할 수 있다.

**활동** 일기예보 내용을 바탕으로 온라인 대화방에 오늘의 날씨를 알려 주는 내용을 써 보세요.

**텔레비전 뉴스가
궁금해요**

- 동시에 많은 사람에게 내용을 전할 수 있다.
- 화면을 통해 시각적으로, 소리를 통해 청각적으로 내용을 전달할 수 있다.
- 보는 사람에게 전달하려는 내용을 한 방향으로만 전할 수 있다.
- 최근에는 인터넷을 이용하여 휴대 전화 등으로 텔레비전 뉴스를 볼 수 있게 되었다.

**1** 텔레비전 공익 광고를 읽고 인터넷 게시판에 글 쓰기

# 에너지 절약

우리가 생활하면서 사용하는 에너지는 쓰면 쓸수록 없어지는 거래요.
어떻게 하면 에너지를 절약할 수 있는지 생각하면서 텔레비전 공익 광고를 읽고 인터넷 게시판에 제안하는 글을 써 보세요.

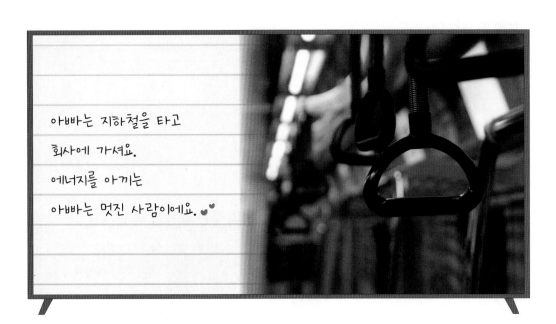

아빠는 지하철을 타고
회사에 가셔요.
에너지를 아끼는
아빠는 멋진 사람이에요. 💕

엄마는 집에서
냉장고 정리를 자주 하셔요.
에너지를 아끼는
엄마는 멋진 사람이에요. 💕

**확인** 이 내용이 담긴 디지털 매체는 텔레비전 ⬚ㄱ⬚ㅇ⬚ㄱ⬚ㄱ 이다.

▶ 알맞은 내용에 ○표를 하세요.

| 이 광고는 상업 광고로 에너지를 판매하자는 것이 주제이다. | ☐ |
| 이 광고는 공익 광고로 에너지를 절약하자는 것이 주제이다. | ☐ |

▶ 공익 광고의 내용에 알맞게 선으로 이으세요.

| 엄마 | • | | • | 지하철을 타고 회사에 간다. |
| 아빠 | • | | • | 집에서 냉장고 정리를 자주 한다. |

**활동** 공익 광고를 다시 읽고 인터넷 게시판에 에너지 절약 방법에 대해 제안하는 글을 써 보세요.

| 제목 | |
| 작성자 | |

댓글 0    ♡ 0

공익 광고란
• 광고의 목적은 물건을 파는 것이 아니다.
• 기업이나 단체가 공공의 이익을 위해 만든 광고이다.
• 사회와 공동체의 발전에 도움이 된다.
• 전달하는 매체에 따라 인쇄 광고, 텔레비전 광고, 라디오 광고 등이 있다.

## 2 인터넷 국어사전을 읽고 정보 정리하기

# 배구를 소개해요

제32회 도쿄올림픽에서 우리나라 여자배구팀은 멋진 경기를 해서 많은 사람들에게 감동을 주었어요. 인터넷 국어사전에서 검색한 내용을 읽고 배구 용어를 정리해 보세요.

똑똑국어사전　　　　　　　　　　　사전 소개 | 연표

# 배구⁵ 排球

「명사」

『체육』두 팀이 직사각형 코트의 중앙에 네트를 사이에 두고 상대편이 서브한 공을 땅에 떨어뜨리지 않고 손으로 리시브한 뒤 세 번 안에 상대편 코트로 넘겨 보내는 구기 종목. 국제식 경기는 한 팀이 6명으로 구성되며, 5세트 경기 중 3세트에서 먼저 점수를 내는 팀이 승리한다. 2점 이상 점수가 앞선 상태에서 먼저 25점을 얻은 팀이 승리하고, 두 팀이 각각 24점으로 동점인 경우에는 한 팀이 2점 앞설 때까지 경기가 계속된다. 5세트는 최소 2점 앞선 상태에서 15점을 먼저 얻어야 한다.

배구 동작에는 서브, 리시브, 토스, 스파이크 등이 있다. 서브는 공격하는 팀이 상대편 코트에 공을 쳐 넣는 일로 여러 종류의 서브가 있다. 리시브는 상대편의 공을 받는 것으로 공격하는 선수에게 패스할 수 있다. 토스는 패스와 비슷한 뜻이다. 패스는 볼을 단순히 연결하는 동작이지만, 토스는 스파이크로 연결하는 동작이다. 스파이크는 네트 가까이 띄운 공을 상대편 코트로 세게 내리치는 공격이다.

▶ 그림 및 사진 자료

**확인** 이 내용이 담긴 디지털 매체는 인터넷 ㄱ　ㅇ　ㅅ　ㅈ 이다.

▶ 알맞은 말에 ○표를 하세요.

> 공은 세 번 안에 상대편 ( 코트 , 네트 )로 넘겨야 하며, 5세트 중 ( 3세트 , 5세트 )에서 먼저 점수를 내면 경기에서 승리하게 된다.

**활동** 인터넷 국어사전에서 찾은 정보를 바탕으로 배구 용어를 정리해 보세요.

### 서브

공격하는 팀이 상대편 코트에 공을 쳐 넣는 일. 여러 종류의 서브가 있다.

### 리시브

### 토스

### 스파이크

네트 가까이 띄운 공을 상대편 코트로 세게 내리치는 공격이다.

**배구 vs 비치발리볼**
- 배구와 비치발리볼은 둘 다 상대편이 서브한 공을 땅에 떨어뜨리지 않고 손으로 리시브한 뒤 세 번 안에 상대편 코트로 넘겨야 하는 규칙이 같다.
- 배구는 실내 체육관에서, 비치발리볼은 해변가 모래 위에서 경기를 한다.

## 확인 문제 »

**1** 다음 온라인 대화방에서 지효가 아빠께 꾸중을 들은 까닭은 무엇인가요? (          )

① 할머니 댁에 갈 수 없게 되었기 때문이다.

② 할머니께 너무 다정스럽게 말했기 때문이다.

③ 할머니께 높임말을 사용하지 않았기 때문이다.

④ 줄임말을 써서 아빠가 못 알아들었기 때문이다.

⑤ 할머니 생신 선물을 준비하지 않았기 때문이다.

**2** 다음과 같이 글과 함께 사진과 영상 등의 정보를 얻을 수 있는 매체는 무엇인가요? (          )

① SNS

② 블로그

③ 인터넷 뉴스

④ 인터넷 게시판

⑤ 인터넷 백과사전

**3** 다음 매체에서 얻을 수 있는 정보에 대해 알맞지 <u>않게</u> 말한 친구의 이름을 쓰세요.

경희: 감자의 가격을 알 수 있어서 난 무엇보다 좋은 거 같아.

대수: 사진을 보고 감자의 상태를 알 수 있어서 좋은 거 같아.

민영: 감자가 포슬포슬하다는 표현에서 맛을 짐작할 수 있어서 좋네.

(                    )

확인 문제 》

**4**

왼쪽과 같이 휴대 전화나 컴퓨터에서 볼 수 있는 만화를 무엇이라고 하는지 쓰세요.

(           )

**5** 다음은 어떤 매체의 장점인가요? (       )

> • 개인의 이야기를 주제별로 쓸 수 있다.
> • 사진과 동영상을 사용하여 내용을 효과적으로 쓸 수 있다.
> • 사람들과 공감하고 내용을 남길 수 있다.

① SNS           ② 블로그           ③ 인터넷 뉴스
④ 인터넷 게시판           ⑤ 인터넷 백과사전

**6** 다음과 같이 인터넷 게시판 등의 글을 읽고 의견을 쓰는 것을 무엇이라고 하는지 두 글자로 쓰세요.

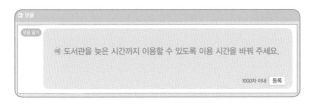

(           )

**7** 다음은 무엇에 대한 설명인지 쓰세요.

> 기업이나 단체가 공공의 이익을 위해 만든 광고로, 사회와 공동체의 발전에 도움이 된다.

(           )

# 이겨내고, 또 이겨내고

## 연습이 너무 힘들어요!

"다시!"

"다시!"

"다시!"

선생님의 목소리가 연습장에 쩌렁쩌렁하게 울렸어요. 연우와 주리는 벌써 수백 번째 똑같은 동작을 되풀이하고 있었어요. 선생님이 숨이 가빠 헉헉거리는 두 아이한테 다가왔어요.

"이제 한 달 뒤면 시험인데, 아직 동작을 다 못 익혔으니 어떡할래?"

선생님이 엄한 표정으로 말씀하셨어요.

연우는 답답한 마음에 표정이 굳어졌어요. 곧 울음이 쏟아질 것 같아서 꾹 참느라 힘들었지요. 그동안 수천 번, 아니 수만 번을 한 동작만 연습했는데도 잘되지 않으니 속상하고 분했어요. 그런데 주리는 화가 나는 모양이었어요.

선생님이 같은 동작을 다시 시키니 억지로 따라하는 모양이에요.

그날 옷을 갈아입으면서 주리가 말했어요.

"선생님은 정말 너무해. 나도 열심히 하고 있는데 안 되는 걸 어떡해? 정말 이럴 땐 확 다 그만두고 싶다!"

연우가 깜짝 놀라 되물었어요.

"너, 그게 무슨 소리야? 우리가 더 열심히 해야지."

"어휴, 모범생 주연우. 그래, 너나 실컷 해라. 나는 정말 짜증 나서 당장 그만둔다고 엄마한테 얘기할래."

주리는 부랴부랴 옷을 갈아입더니 탈의실을 나가버렸어요. 연우가 우물쭈물하고 있는데, 탈의실로 선생님이 찾아오셨어요.

"어머, 연우야. 주리는?"

"벌써 나갔어요, 선생님."

"어휴, 성미도 급하기는. 우리 연우, 선생님이랑 잠깐 얘기 좀 할래?"

연우는 무슨 얘기인가 싶어서 가슴이 두근거렸어요.

"연우야, 선생님이 연습 때 너나 주리한테 엄격하게 하는 거 알아. 그러나 한 동작을 제대로 하기 위해서는 계속 연습을 해야만 한단다. 잠잘 때도 몸에서 그 동작이 나올 정도로 익혀야만 그 동작이 네 몸에 붙는 거야. 완벽한 동작은 꾸준한 연습이 뒷받침되어야만 나오는 거란다. 그건 네가 얼마나 열심히 하는지에 따라 달라지는 거야. 너나 주리가 미워서 혼내거나 더 연습을 시키는 게 아니란다. 알겠니?"

선생님의 말씀에 연우는 그저 고개만 끄덕였어요. 그러잖아도 시험 동작이 잘 안 돼서 얼마나 속상했는지 몰라요. 선생님이 고개를 푹 숙인 연우의 눈에 눈물방울이 맺힌 걸 보셨어요. 선생님이 어깨를 토닥이며 말씀하셨어요.

"우리 연우, 김연아 선수를 좋아해서 피겨스케이팅을 배운다고 했지?"

연우는 여전히 눈물을 그렁거리며 선생님을 쳐다봤어요.

"김연아 선수가 왜 세계적인 선수가 된 줄 아니?"

"요정 언니는……, 재능이 뛰어나서가 아닐까요? 저는 그런 재능이 없어서 너무 속상해요."

연우는 어릴 때부터 늘 김연아 선수를 요정 언니라고 불렀어요. 요정 언니를 닮아 세계적인 피겨스케이팅 선수가 되겠다고 늘 노래를 불러왔지요. 요정 언니는 얼음 위에서 늘 멋진 연기를 하는 분이니까, 뛰어난 재능을 지니고 태어났다고 생각했지요. 그래서 연우는 뜻대로 동작이 되지 않을 때마다 요정 언니처럼 뛰어난 재능이 있으면 좋겠다는 생각을 했어요.

그런데 이게 웬일인가요? 선생님이 고개를 크게 가로저으셨어요.

"연우야, 김연아 선수가 그처럼 훌륭한 선수가 된 것은 그 누구보다도 연습을 많이 했기 때문이란다."

연우의 눈이 동그래졌어요.

"정말이요?"

"그럼. 김연아 선수가 잘한다는 트리플 점프 알지? 그 누구든 공중에서 3회전을 돈다는 게 어디 쉽겠니? 김연아 선수는 그걸 해내기 위해 연습을 하고 또 했단다. 우리는 김연아 선수가 무대에 나와 완벽하게 연기하는 모습만 보잖니? 그렇지만 그것을 해내기 위해 얼마나 힘든 노력을 했겠니?"

연우는 말없이 고개만 끄덕였어요. 늘 완벽한 연기만 펼쳤던 요정 언니가 트리플 점프를 해내기 위해 수십만 번 그 동작을 연습했다는 얘기는 연우에게 충격으로 다가왔기 때문이에요. 그런데 자기는 그동안 한 동작을 수천 번 연습하는 것에 속상해했다니!

연우는 선생님이 왜 이런 말씀을 해 주시는지 어렴풋이 알 것 같았어요. 그동안 고되고 힘들다고 생각한 자신이 얼마나 부끄러웠는지요!

"우리 연우, 지금도 잘하고 있고 연습을 더하면 지금보다 훨씬 더 잘할 수 있단다. 힘내고, 내일 또 기운 내서 연습하자, 알았지?"

선생님의 말씀에 연우가 힘차게 "네!" 하고 대답했어요. 다시 기운이 불끈 솟는 것 같았어요.

이어지는 내용은 66쪽에 >>>

"모범생 주연우! 너나 많이 해라.

나는 이제 그만둘 거야. 피겨스케이팅 그만두고 그림 배우기로 했어."

연우는 깜짝 놀랐어요. 항상 불끈불끈하는 주리 성격이

자기와는 잘 맞지 않았지만 같이 배우는 친구가 있다는 것이 좋았거든요.

– 가치 동화 〈이겨내고, 또 이겨내고〉 중에서 –

# 2 주차

**1** 뉴스 방송 대본을 읽고 온라인 대화 하기

# 세계의 가족 기념일

학교 텔레비전 뉴스에서 세계 여러 나라의 가족 기념일에 대해 방송했어요. 뉴스 방송 대본을 읽고 가족 기념일에 대해 알아보고, 온라인 대화방에 좋아하는 가족 기념일을 써 보세요.

오늘 이 시간에는 가족 기념일에 대해 알아보도록 하겠습니다. 정상훈 기자, 원래 어린이날은 5월 5일이 아니었다고요?

네, 그렇습니다. 우리나라에서 처음 어린이날을 정한 것은 1923년인데요, 당시 방정환과 '색동회'라는 모임이 중심이 되어 5월 1일을 어린이날로 정했습니다. 그 후 5월 첫 번째 일요일로 날짜를 바꾸었다가 1946년 이후에 5월 5일로 정하여 지금까지 이어져 오고 있습니다. 1923년 5월 1일에 방정환은 어린이날 선언문을 발표했는데 이것은 세계 최초의 어린이 인권 선언입니다.

잘 들었습니다. 5월에는 어린이날 뿐 아니라 어버이날, 성년의 날, 부부의 날 등 여러 가족 기념일이 있지요. 정보미 기자, 그럼 다른 나라에도 이런 기념일이 있나요?

네, 스위스는 3년에 한 번 8월 1일, 중국이나 러시아는 6월 1일이 어린이날입니다. 영국이나 프랑스는 1년 내내 어린이를 사랑해야 한다는 의미로 어린이날을 정하지 않았습니다.

그럼, 다른 가족 기념일도 나라마다 다른가요?

네, 우리나라에서는 매년 5월 8일을 어버이날로 정하고 있지만 많은 나라에서 어머니날과 아버지날을 구분하고 있습니다. 미국, 중국, 스위스 등은 매년 5월 둘째 주 일요일을 어머니날로 정하고 있습니다. 또 미국에서는 9월 첫째 주 일요일을 조부모의 날로 정했고, 인도에서는 8월 중순에 오누이의 날이 있습니다.

네, 지금까지 세계의 가족 기념일에 대해 알아보았습니다. 5월은 가정의 달인 만큼 가족에 대한 소중함을 다시 한번 생각해 보시기 바랍니다. 감사합니다.

**확인** 이 내용이 담긴 디지털 매체는 텔레비전 ㄴ ㅅ 이다.

**2**
주차

▶ 우리나라의 어린이날은 어떻게 변해왔는지 순서대로 번호를 쓰세요.

| 5월 5일 | 5월 1일 | 5월 첫 번째 일요일 |
|---|---|---|
| (          ) | (          ) | (          ) |

▶ 학교 텔레비전 뉴스의 내용으로 알맞은 것에 모두 ○표를 하세요.

| 1923년 방정환과 대통령이 함께 어린이날을 정했다. | |
|---|---|

| 세계의 여러 나라에서는 어머니날과 아버지날을 구분하기도 한다. | |
|---|---|

| 방정환이 발표한 어린이날 선언문은 세계 최초의 어린이 인권 선언이다. | |
|---|---|

활동 뉴스 방송 대본의 내용을 바탕으로 하여 온라인 대화방에 내가 좋아하는 가족 기념일을 이유와 함께 써 보세요.

| **우리나라의 가족 기념일** | 우리나라의 가족 기념일에는 어린이를 존중하기 위해 정한 날인 어린이날, 부모님의 은혜에 감사하는 어버이날이 있다. 또 성인이 된 것을 기념하는 성년의 날도 있고, 부부의 화합과 건강한 가족 문화를 위한 부부의 날도 있다. |
|---|---|

**2 웹툰과 블로그를 읽고 광고 만들기**

# 이천 도자기 축제

혜준이의 할아버지 댁이 있는 이천은 쌀과 더불어 도자기 축제로 유명한 곳이에요. 혜준이는 이천 도자기 축제에 가서 한 컷 광고 만들기 대회에 응모하기로 했어요. 이천 도자기 축제를 알리는 광고를 만들어 보세요.

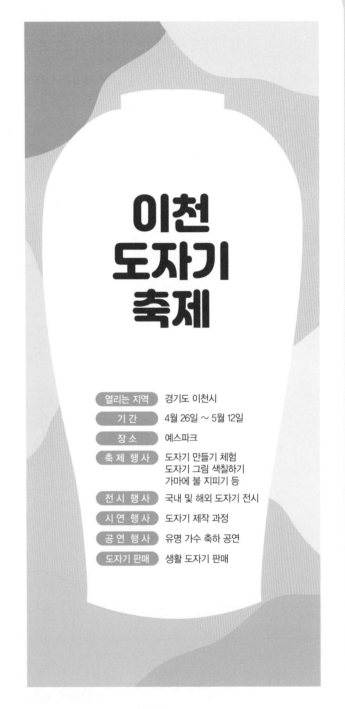

확인 이 내용이 담긴 디지털 매체는 ⬚ ⬚ 과 블로그이다.

🏠 이천 도자기 축제 ×　🏠 설봉 공원 ×｜+　∨ － ▢ ×

← → C

내 블로그 ｜ 이웃 블로그 ｜ 블로그 홈 ｜로그인｜ ▦

블로그 ▣ ｜

메모 ｜ 안부

**이천 도자기 축제 알리미**
이천에서 태어나고 자랐으며 도자기를 빚는 일을 합니다.

＋ 이웃 추가　💬 채팅

🔍

# 이천 도자기 축제

이천 도자기 축제 알리미　2000.04.26　19:25　　URL 복사　＋이웃 추가　⋮

이천은 예로부터 좋은 흙을 구하기 쉬워서 도자기를 굽는 가마가 모여 있었습니다. 조선 시대에도 이천의 특산품을 도자기라고 했고, 지금도 수많은 도자기 공방과 도예촌이 모여 있어서 도자기의 고장으로 불립니다. 이천은 이런 지역의 특색을 살려 1987년부터 도자기 축제를 열고 있습니다.

*이번 이천 도자기 축제는*
*4월 26일부터 5월 12일까지 열리며,*
*도자예술마을인 '예스파크'를 중심으로 열립니다!!*

행사는 판매 마당, 체험 마당, 놀이 마당 등으로 구성되어 있습니다.
판매 마당에서는 이천의 도자기 작가들이 만든 다양한 도자기를 구입할 수 있습니다. 또 도자기 만들기 체험, 가마에 불 지피기, 도자기 그림 색칠하기 등 여러 가지 체험도 마련되어 있으니 꼭 한번 와서 이천 도자기를 경험해 보세요.

#이천도자기 #이천도자기축제 #예스파크 #지역축제 #도예촌

목록

전체 보기(150)

도자기 이야기(39)
도자기 작품(22)
이천 도자기 축제(21)
이천의 볼거리(12)
이천의 먹을거리(21)
이천 소식(35)

---

**이천 도자기의 역사**

• 이천은 청동기 시대부터 토기를 제작했던 곳이고 삼국 시대에도 토기를 만들었던 흔적이 남아 있는 지역이다.
• 조선 시대에도 좋은 흙과 솜씨 좋은 장인들에 의해 만들어진 도자기가 이천의 특산품이었다.
• 현재에도 전통을 이어받은 장인들이 모여 있는 전통 도예의 중심지이다.

▶ 혜준이의 할아버지 댁이 있는 지역에서 열리는 축제에 ◯표를 하세요.

보령 머드 축제 이천 도자기 축제 무주 반딧불 축제

▶ 블로그를 읽고 이천 도자기 축제에 대해 정리해 보세요.

| | |
|---|---|
| 축제 이름 | |
| 축제 기간 | |
| 축제 장소 | 예스파크 |
| 축제 행사 | |

▶ 이천이 도자기의 고장이 될 수 있었던 까닭에 모두 ◯표를 하세요.

조선 시대에도 도자기는 이천의 특산품이었다.

이천에는 도자기 공방과 도자기 마을인 도예촌이 모여 있다.

이천에서는 최근 들어 도자기 공방과 가마터가 줄어들고 있다.

이천은 예로부터 좋은 흙을 구하기 쉬워서 도자기를 굽는 가마가 모여 있었다.

**활동 1** 이천 도자기 축제 광고를 만들 때 필요한 키워드를 떠올려 써 보세요.

이천

흙과 불의 만남

나만의 도자기

깨지지 않는
튼튼함

손끝에서 탄생한
도자기

**활동 2** 혜준이는 이천 도자기 축제 한 컷 광고 만들기 대회에 응모하려고 해요. 제시된 광고를 참고하여 빈칸에 광고의 제목과 문구를 넣어 한 컷 광고를 완성해 보세요.

흙과 하나 되는
**이천 도자기 축제**

축제 기간  4월 26일 ~ 5월 12일
축제 장소  예스파크
축제 행사  판매 마당, 체험 마당, 놀이 마당,
먹거리 장터, 포토존 등

도자기 만들기를 체험할 수 있는
이천 도자기 축제로 오세요!

축제 기간  4월 26일 ~ 5월 12일
축제 장소  예스파크
축제 행사  판매 마당, 체험 마당, 놀이 마당,
먹거리 장터, 포토존 등

**1 블로그를 읽고 댓글 쓰기**

# 당근과 시력

당근을 먹으면 시력이 좋아진다는 말을 들어본 적이 있나요? 선우는 당근에 대한 내용을 검색하다가 알게 된 이야기를 블로그에 썼어요. 블로그를 읽고 눈 건강을 위한 나만의 방법을 댓글로 써 보세요.

---

🏠 야옹이의 블로그 ×　🏠 국어 사전　× | +　　　　　　　　　　　∨ － ◻ ×

← → C　　　　　　　　　　　　　　　　　　　　　　　　　　🖉 ☆　👤 ⋮

내 블로그 | 이웃 블로그 | 블로그 홈　로그인 ▦

**블로그 📷 |**　　　　　　　　　　　　　　　　　　　　　　　　　메모 | 안부

## 당근을 먹으면?

🐱 하얀 고양이　2000. 10. 09　17:33　　　　　　　　　　　　　URL 복사

**하얀 고양이**
**(ccat_vov)**

호기심 많은 하얀 고양이

---

**목록**

---

전체 보기(43)

---

일기(21)

---

관심거리(22)
　ㄴ 친구들
　ㄴ 편의점
　ㄴ 놀이동산

당근을 먹으면 시력이 좋아지나요? 한마디로 대답하면 "아니오." 예요.

*"왜 이런 말이 생겼을까요?"*

당근을 먹으면 시력이 좋아진다는 말은 제2차 세계 대전 때 처음 생겨났어요. 당시 영국의 전투기 조종사가 어두운 밤에도 전투에서 이기는 비결을 당근을 자주 먹기 때문이라고 말했거든요. 영국 국민들은 당근을 먹으면 시력이 좋아져서 조종사처럼 밤에도 앞이 잘 보일 것이라고 생각을 했고, 영국 정부에서도 당근을 많이 먹자고 널리 알렸어요.

그런데 "밤에 앞이 잘 안 보이는 병인 야맹증이 생긴 경우에는 당근이 도움이 되지만 건강한 사람들은 많이 먹어도 시력이 좋아지지는 않는다."라는 연구 결과가 발표되었어요.

*"왜?"*

그렇다면 영국은 왜 그때 국민들에게 시력에 좋다면서 당근을 많이 먹자고 했을까요? 이것은 제2차 세계 대전 당시 영국이 밤에도 앞에 있는 물체를 파악할 수 있는 레이저를 개발했었는데 이것을 적군에게 숨기기 위해서였다고 해요. 그때 영국 국민들이 이 사실을 알았다면 실망을 했겠지만 지금은 다들 이해하겠지요?

*"눈 건강을 위한 나만의 방법에는 어떤 것이 있나요?"*

♡ 공감 5 ∨ | 💬 댓글 1 ∧　　　　　　　　　🔖 🖉 인쇄

**활동 정보**　　▲

블로그 이웃 13명
글 보내기 0회
글 스크랩 11회

ㄴ　**도원** 나는 따뜻한 물수건을 눈 위에 얹어서 눈을 따뜻하게 해 줘. 그러면 눈이 좀 편안해져서 더 잘 보이는 것 같아.

---

**확인** 이 내용이 담긴 디지털 매체는 [ㅂ][ㄹ][ㄱ]이다.

**2**
주차

▶ 블로그의 내용으로 알맞은 것에 ○표를 하세요.

이 글은 당근을 먹으면 ( 청력, 시력 )이 좋아진다는 말이 생겼던 이유에 대한 내용이다.

▶ 당근에 대한 알맞은 내용에 ○표를 하세요.

영국 사람들은 당근을 먹지 않는다.

당근을 먹으면 야맹증에 도움이 된다.

건강한 사람은 당근을 많이 먹으면 시력이 더 좋아진다.

활동 블로그를 읽고 눈 건강을 위한 나만의 방법을 생각하여 댓글로 써 보세요.

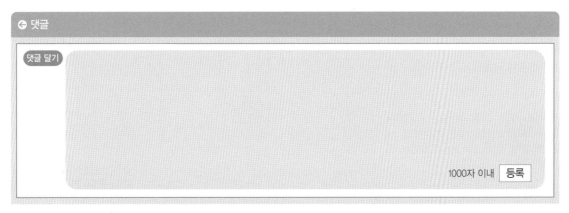

당근의 놀라운 효과
세 가지

• 혈액 순환을 좋게 해서 손과 발이 차가운 사람들에게 도움을 준다.
• 당근을 먹으면 배가 금방 부르기 때문에 음식을 먹는 양을 조절할 수 있다.
• 몸의 면역력을 강하게 해 주어서 병을 예방할 수 있다.

## 2회 생활

# 칭찬하는 말을 해요

하윤이는 동생과 싸웠어요. 계속 말을 안 하고 있으니 엄마가 온라인 대화방에서 서로 칭찬하는 말을 하자는 제안을 하셨어요. 어떤 점을 칭찬할지 생각해 보고 온라인 대화방에 칭찬하는 말을 써 보세요.

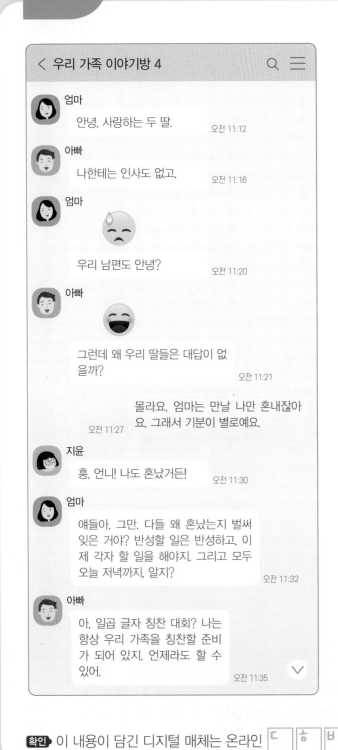

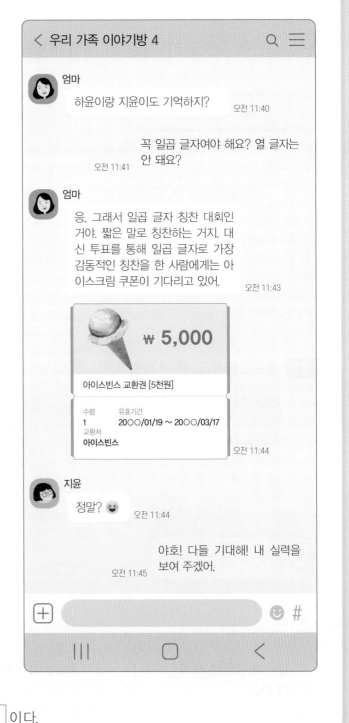

**확인** 이 내용이 담긴 디지털 매체는 온라인 ⬚ㄷ ⬚ㅎ ⬚ㅂ 이다.

▶ 온라인 대화를 통해 알 수 있는 내용에 ○표를 하세요.

| 하윤이가 동생과 다투고 엄마에게 혼났다. | |
|---|---|
| 하윤이는 동생이 책상을 어질러 놓아서 싸웠다. | |

▶ 하윤이의 입장이 되어 가족들을 칭찬하는 내용을 써 보세요.

| 🙂 엄마 | 🙂 아빠 | 🙂 지윤 |
|---|---|---|
| 엄마는 요리를 잘한다. 엄마가 만든 불고기는 세상에서 제일 맛있다. | | |

▶ 하윤이와 지윤이처럼 우리 가족을 칭찬하는 말을 일곱 글자로 써 보세요.

< 우리 가족 이야기방 4   Q ☰

지윤
언니 / 씩씩하고 용감해    오후 5:30

오후 5:42   아빠 / 응원과 위로 잘해

오후 5:43   엄마 / 우주 최고 요리왕

오후 5:44   지윤 / 넌 재미있는 아이

⌄

< 우리 가족 이야기방 4   Q ☰

|||  ○  <

---

**온라인 대화의 특징**

• 사람들과 정보를 쉽고 빠르게 주고받을 수 있다.
• 상대방과 직접 만나지 않고 대화할 수 있다.
• 사진이나 이모티콘으로 자신의 기분을 나타낼 수 있다.

■ 뉴스 방송 대본을 읽고 인터넷 게시판에 글 쓰기

# 대형 산불이 반복되는 이유

강원도 지역은 봄철에 대형 산불이 많이 발생한다고 해요.
뉴스 방송 대본을 읽고, 산불을 예방하기 위해 어떤 노력을 할 수 있을지 인터넷 게시판에 글을 써 보세요.

> 강원도 동해안에서 봄철이 되면 해마다 산불이 발생하고 있습니다.

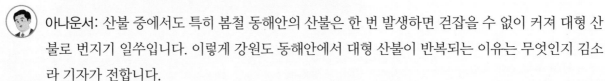

**아나운서:** 산불 중에서도 특히 봄철 동해안의 산불은 한 번 발생하면 걷잡을 수 없이 커져 대형 산불로 번지기 일쑤입니다. 이렇게 강원도 동해안에서 대형 산불이 반복되는 이유는 무엇인지 김소라 기자가 전합니다.

**김소라 기자:** 산림청 통계에 의하면 최근 우리나라에서 발생하는 대형 산불의 대부분이 강원도에서 발생했다고 합니다. 이처럼 강원도가 산불의 최대 피해 지역이 된 이유는 무엇일까요?

**삼림청장:** 산불이 발생하는 원인은 보통 기후, 지형, 나무 중 하나입니다. 그런데 강원도 동해안은 이 세 가지를 모두 가지고 있습니다. 봄철 강원도는 기온이 높고 비가 잘 오지 않는 고온 건조한 기후이고, 불이 잘 붙는 소나무가 숲을 이루고 있습니다. 또 태백산맥을 넘어오는 고온 건조한 바람이 세게 불기 때문에 한 번 불이 붙으면 산불이 매우 빠른 속도로 번지게 됩니다. 이처럼 강원도가 산불이 나기 쉬운 지역인 만큼 이러한 산불의 원인을 없애고 산불이 나더라도 더 커지지 않게 해야 합니다.

**김소라 기자:** 올해 강원도 동해안 지역에서는 3~5월의 산불 조심 기간에 산불 방지 대책 본부가 만들어진다고 합니다. 이 제도에 따라 산불을 예방하고 산불이 났을 때 큰불로 번지지 않도록 준비할 것이지만 얼마나 효과가 있을지는 지켜보아야겠습니다. 전문가에 의하면 산불은 대부분 사람의 부주의로 일어난다고 합니다. 한 번 시작되면 악몽이 되는 대형 산불, 결국 사람들의 노력만이 피해를 줄일 수 있습니다. 지금까지 ETS뉴스 김소라 기자였습니다.

**확인** 이 내용이 담긴 디지털 매체는 텔레비전 ㄴ ㅅ 이다.

**2**
주차

▶ 알맞은 말에 ○표를 하세요.

산불은 대부분 ( 사람 , 야생 동물 )의 부주의로 일어난다고 한다.

▶ 뉴스 방송 대본에서 알 수 있는 산불의 원인을 모두 찾아 ○표를 하세요.

| 물 | 흙 | 기후 | 지형 |
|---|---|---|---|
| 강 | 별 | 암석 | 나무 | 바다 |

**활동** 뉴스 방송 대본을 읽고 산불을 예방하기 위해서 어떤 노력을 할 수 있을지 인터넷 게시판에 써 보세요.

**산불이 났을 때 할 일**
• 산불을 발견하면 119에 신고한다.
• 작은 산불일 경우에는 외투, 나뭇가지 등을 이용해 두드리거나 덮어서 불을 끈다.
• 산불이 커지면 산불 발생 지역에서 멀리 떨어진 안전한 곳으로 이동한다.
• 이동할 때는 불길을 등지고 바람이 불어오는 방향으로 빨리 대피한다.

**2 블로그를 읽고 마인드맵으로 정리하기**

# 추석

우리나라에는 여러 가지 세시 풍속이 있어요. 그중 추석은 한 해의 농사를 마무리하며 조상들께 감사드리는 우리 고유의 명절이에요. 블로그를 읽고 알게 된 추석에 대한 내용을 마인드맵으로 정리해 보세요.

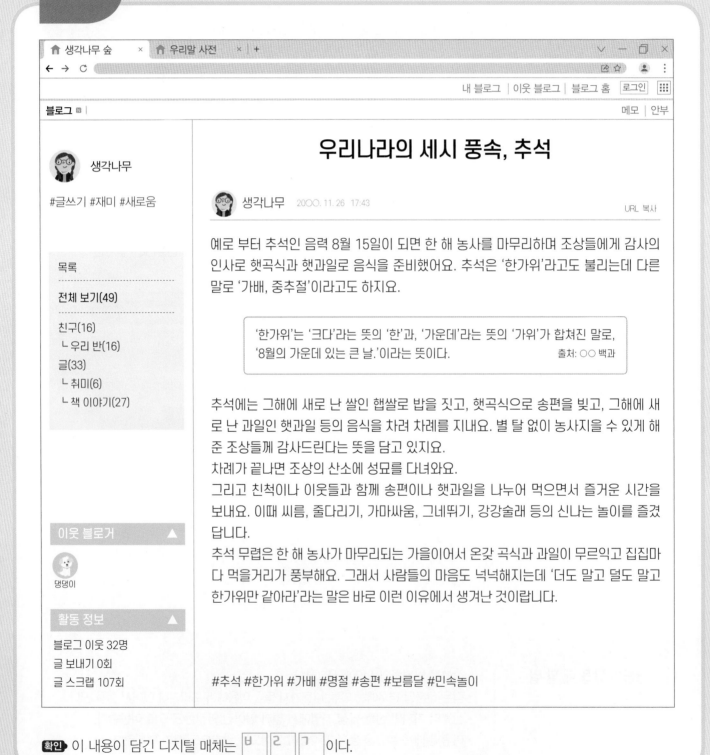

생각나무 숲 × 우리말 사전 × +

내 블로그 | 이웃 블로그 | 블로그 홈 로그인

블로그 | 메모 | 안부

**생각나무**

#글쓰기 #재미 #새로움

**목록**

전체 보기(49)

친구(16)
┗ 우리 반(16)
글(33)
┗ 취미(6)
┗ 책 이야기(27)

**이웃 블로거** ▲

댕댕이

**활동 정보** ▲

블로그 이웃 32명
글 보내기 0회
글 스크랩 107회

## 우리나라의 세시 풍속, 추석

생각나무 20○○. 11. 26 17:43

URL 복사

예로 부터 추석인 음력 8월 15일이 되면 한 해 농사를 마무리하며 조상들에게 감사의 인사로 햇곡식과 햇과일로 음식을 준비했어요. 추석은 '한가위'라고도 불리는데 다른 말로 '가배, 중추절'이라고도 하지요.

> '한가위'는 '크다'라는 뜻의 '한'과, '가운데'라는 뜻의 '가위'가 합쳐진 말로, '8월의 가운데 있는 큰 날.'이라는 뜻이다.
> 출처: ○○ 백과

추석에는 그해에 새로 난 쌀인 햅쌀로 밥을 짓고, 햇곡식으로 송편을 빚고, 그해에 새로 난 과일인 햇과일 등의 음식을 차려 차례를 지내요. 별 탈 없이 농사지을 수 있게 해준 조상들께 감사드린다는 뜻을 담고 있지요.

차례가 끝나면 조상의 산소에 성묘를 다녀와요.

그리고 친척이나 이웃들과 함께 송편이나 햇과일을 나누어 먹으면서 즐거운 시간을 보내요. 이때 씨름, 줄다리기, 가마싸움, 그네뛰기, 강강술래 등의 신나는 놀이를 즐겼답니다.

추석 무렵은 한 해 농사가 마무리되는 가을이어서 온갖 곡식과 과일이 무르익고 집집마다 먹을거리가 풍부해요. 그래서 사람들의 마음도 넉넉해지는데 '더도 말고 덜도 말고 한가위만 같아라'라는 말은 바로 이런 이유에서 생겨난 것이랍니다.

#추석 #한가위 #가배 #명절 #송편 #보름달 #민속놀이

**확인** 이 내용이 담긴 디지털 매체는 ⎵ᄇ⎵ ⎵ᄅ⎵ ⎵ᄀ⎵ 이다.

▶ 블로그에서 설명하는 내용에 ○표를 하세요.

우리나라의 세시 풍속인 추석

우리나라 민속놀이의 유래와 하는 방법

▶ 블로그의 특징으로 알맞은 것에 ○표를 하세요.

사진, 음악, 영상 등을 활용하여 관심 있는 내용을 글로 쓸 수 있다.

그림과 인물의 대사를 통해 자신의 생각을 효과적으로 알릴 수 있다.

**활동** 블로그를 읽고 우리나라의 세시 풍속인 추석을 마인드맵으로 정리하여 보세요.

8월의 한가운데에 있는 큰 날.

한가위의 뜻

추석의 다른 이름

하는 일

추석

민속놀이

• 강강술래
• 그네뛰기
• 줄다리기
• 씨름
• 가마싸움

**블로그의 특징**

• 관심 있는 내용에 대해 직접 글을 써서 정리할 수 있다.
• 사진, 음악, 영상 등을 활용하여 글을 쓸 수 있다.
• 내가 쓴 글을 통해 다른 사람들과 정보를 주고받을 수 있다.

**1 인터넷 백과사전을 읽고 화석 카드 만들기**

# 화석이 뭐예요?

도아가 찾아본 인터넷 백과사전에는 화석이 어떻게 만들어지고, 화석의 종류에는 어떤 것이 있는지에 대한 내용이 자세하게 나타나 있었어요. 인터넷 백과사전의 내용을 바탕으로 하여 화석 카드를 만들어 보세요.

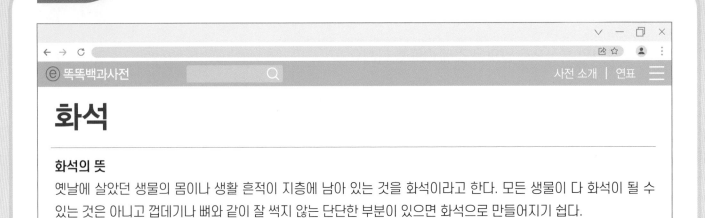

# 화석

### 화석의 뜻
옛날에 살았던 생물의 몸이나 생활 흔적이 지층에 남아 있는 것을 화석이라고 한다. 모든 생물이 다 화석이 될 수 있는 것은 아니고 껍데기나 뼈와 같이 잘 썩지 않는 단단한 부분이 있으면 화석으로 만들어지기 쉽다.

### 화석이 만들어지는 과정
생물이 죽으면 호수나 바다의 바닥에 묻히고 그 위에 퇴적물이 쌓인다. 오랜 시간 동안 퇴적물이 두껍게 쌓이면 지층이 만들어지고 그 속에 있던 생물은 화석이 된다. 그러다가 지구 내부의 힘에 의해 지층이 높이 솟아오른 다음, 비나 바람에 깎이면 화석이 드러난다.

### 화석의 종류

**고사리 화석**
고사리에 퇴적물이 쌓여서 만들어진 화석이다. 고사리는 기온이 따뜻하고 습한 곳에서 사는데 요즘도 흔하게 볼 수 있는 식물이다. 그래서 고사리 화석이 많이 발견되는 지역은 옛날에 따뜻하고 습기가 많은 곳이었다는 것을 짐작할 수 있다.

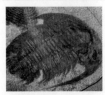
**삼엽충 화석**
오래 전 바닷속에 살았던 삼엽충에 퇴적물이 쌓여 만들어진 화석이다. 현재는 삼엽충이 사라지고 없는 동물이지만 지층에서 삼엽충 화석이 나오면 그곳이 옛날에는 바다였다는 것을 알 수 있다.

**공룡 발자국 화석**
오래 전 공룡이 남긴 발자국에 퇴적물이 쌓여 만들어진 화석이다. 지층에서 공룡 발자국 화석이 발견되면 그 지층은 공룡이 살았던 때에 만들어졌다는 것을 알 수 있다. 또 화석에 나타난 발 모양으로 공룡의 종류를 짐작할 수 있다.

**확인** 이 내용이 담긴 디지털 매체는 인터넷 | ㅂ | ㄱ | ㅅ | ㅈ |이다.

▶ 인터넷 백과사전에서 설명하는 중심 내용에 ○표를 하세요.

| 지층 | 화석 | 바다 | 지구 |
|------|------|------|------|

▶ 인터넷 백과사전을 읽고 알맞은 내용을 골라 ○표를 하세요.

| 고사리는 요즘에는 볼 수 없는 식물이다. | ☐ |
|---|---|
| 삼엽충 화석이 발견된 지역은 옛날에 바다였던 곳이다. | ☐ |

**활동** 인터넷 백과사전에서 알게 된 내용을 바탕으로 하여 화석의 특징을 나타내는 화석 카드를 만들어 보세요.

**고사리 화석**

대상  고사리

특징  화석이 있던 지역이 따뜻하고 습한 곳이었다는 것을 알 수 있다.

**공룡 발자국 화석**

대상

특징

**많은 것을 알려 주는 똥 화석**

화석은 단단한 부분이 있어야 만들어지기 쉽다. 그런데 가끔 단단한 부분이 없는 똥으로 만들어진 화석이 발견되기도 한다. 똥 화석을 연구하면 옛날에 살았던 동물이 무엇을 먹었는지를 알 수 있고, 또 무엇을 먹었는지를 알면 어떤 식물이나 동물들이 당시에 살고 있었는지도 알 수 있다.

# 4회
**생활**

## ② 인터넷 게시판을 읽고 댓글 쓰기

# 환경 보호는 작은 일부터

환경 지킴이 선하는 반 친구들이 급식을 남겨서 생긴 음식물 쓰레기가 많다는 것을 알았어요. 이 문제에 대해 친구들과 함께 생각해 보고 싶어서 선하는 인터넷 학교 게시판에 자신의 의견을 썼어요. 인터넷 게시판을 읽고 댓글을 써 보세요.

---

### 자유 게시판

🏠 4학년 > 열린 마당 > 자유 게시판  인쇄

## 환경 보호는 작은 일부터 시작할 수 있어요

작성자: 윤선하 ┃ 작성일: 20○○.09.09 10:40 ┃ 댓글 2 ┃ 조회 79

안녕하세요. 저는 4학년 5반 윤선하입니다.

게시판에 글을 쓰게 된 이유는 우리 학교 학생들이 모두 환경 문제에 좀 더 관심을 가졌으면 해서입니다. 학생인 우리가 환경 보호를 위해 할 수 있는 일에는 어렵고 힘든 일보다는 조금만 관심을 가지면 실천할 수 있는 일이 많다고 생각합니다.

학교에서 생활하는 시간 중 우리가 가장 기다리는 시간은 맛있는 급식을 먹는 시간이지요?

우리가 안 먹고 버린 음식은 쓰레기가 되는데, 저는 이 음식물 쓰레기가 생각보다 많다는 것을 알게 되었습니다. 우리나라의 음식물 쓰레기는 하루 평균 1만 5천 톤 정도라는데 정말 어마어마하지 않습니까? 물론 가정, 회사, 음식점 등에서 버리는 음식물 쓰레기도 있지만, 우리가 버리는 음식물 쓰레기도 여기에 포함되는 것이지요. 우리 학교 학생들부터 급식 시간에 생기는 음식물 쓰레기를 줄인다면 환경 보호에 아주 조금은 도움이 될 것입니다.

여러분, 음식물 쓰레기를 줄이기 위한 작은 실천 방법 하나를 제안합니다.

급식을 받을 때는 먹을 수 있을 만큼만 받으면 어떨까요? 이런 작은 실천으로도 음식물 쓰레기의 양이 확실히 줄어들 것이라고 생각합니다.

이 밖에도 음식물 쓰레기를 줄이기 위한 방법에 대한 여러분의 의견을 듣고 싶습니다. 좋은 방법이 있으면 함께 실천할 수 있도록 댓글을 써 주시기 바랍니다.

---

❤ 공감 5 ｜ ∨      💬 댓글 2 ｜ ∧

> ↳ **이서연** 급식을 준비하는 과정에서도 음식물 쓰레기가 많이 생긴다고 합니다. 쓰레기가 많이 생기지 않는 재료를 구입하여 급식을 만들면 좋을 것 같습니다.

> ↳ **나진솔** 음식물 쓰레기는 동물들의 사료로 활용된다고 합니다. 학교 운동장 한쪽에 동물 사육장을 마련하고 그곳에 작은 동물들을 키워서 사료로 쓰면 학교에서 생기는 음식물 쓰레기를 해결할 수 있다고 생각합니다.

---

**확인** 이 내용이 담긴 디지털 매체는 인터넷 ⌐ ㅅ ㅍ 이다.

▶ 선하가 학교 누리집 게시판에 글을 쓰게 된 까닭에 ○표를 하세요.

우리 학교 학생들이 급식을 더 잘 먹기를 원했기 때문에

음식물 쓰레기 문제를 학교에서 해결해 주기를 바랐기 때문에

우리 학교 학생들이 환경 문제에 관심을 가지기를 바랐기 때문에

▶ 학교 게시판의 내용으로 알맞지 <u>않은</u> 것의 기호를 쓰세요.

㉮ 음식물 쓰레기는 가정, 회사, 음식점 등에서 버린다.
㉯ 우리나라의 음식물 쓰레기는 하루 평균 1만 5천 톤 정도나 된다.
㉰ 급식 시간에 음식물 쓰레기를 줄이면 환경 보호에 도움이 될 것이다.
㉱ 학생이 환경 보호를 위해 할 수 있는 일에는 어렵고 힘든 일이 많다.

활동 환경 보호를 위해 음식물 쓰레기 해결 방법을 생각하여 댓글로 써 보세요.

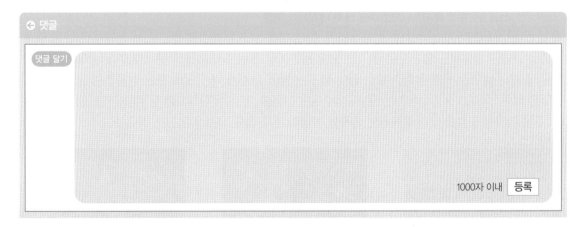

**인터넷 게시판의 특징**
· 여러 사람이 글쓰기에 참여할 수 있다.
· 다른 사람과 생각이나 정보를 주고받을 수 있다.
· 댓글을 통해 짧은 글로 생각을 전할 수 있다.

**1** 블로그를 읽고 온라인 대화 하기

# 알고 보면 더 재미있어요

진우는 얼음골이라는 지명의 유래가 궁금해서 전국 곳곳에서 전해 내려오는 이야기나 지명과 관련된 내용을 소개하는 블로그를 찾아보았어요. 블로그를 읽고 온라인 대화방에 알맞은 내용을 써 보세요.

🏠 새꿈이네 집 ×  🏠 지도 × | +

내 블로그 | 이웃 블로그 | 블로그 홈  [로그인]

블로그 🔳 |  메모 | 안부

## [지역 정보] **포은, 얼음골, 두물머리**

 새꿈이  2000. 08. 26  17:43  URL 복사

전국 곳곳에서 전해 내려오는 이야기나 지명과 관련된 내용을 소개하는 새꿈이입니다.
먼저 소개할 내용은 바로 경기도 용인시와 관련 있는 이야기예요.
경기도 용인시에서는 '포은'이라는 이름을 많이 사용해요.
그렇다면 '포은'은 무엇에서 유래한 이름일까요?
'포은'은 고려 말의 뛰어난 학자인 정몽주의 또 다른 이름입니다. 개경에 있던 포은 정몽주의 묘를 후손들이 고향인 경상북도 영천으로 옮기던 도중 용인에서 포은의 이름을 적은 깃발이 바람에 날아갔어요. 깃발이 날아간 곳을 찾아가 보니 땅이 넓고 햇빛이 잘 들어서 그곳에 포은 정몽주의 묘를 만들었다고 해요. 그래서 용인시에서는 포은대로, 포은 아트홀, 포은 문화제처럼 도로나 건물, 행사 이름에 '포은'이라는 이름을 넣어 정몽주의 업적을 기념하고, 고장도 널리 알리고 있어요.

▲ 정몽주의 묘가 있는 위치

▲ 포은 문화제의 행사

▲ 포은 문화제의 거리 행렬

**확인** 이 내용이 담긴 디지털 매체는 ⬚ ⬚ ⬚ 이다.

두 번째로 소개할 내용은 경상남도 밀양시의 '얼음골'이에요.

▲ 밀양 얼음골

▲ 밀양 얼음골의 얼음

▲ 밀양 천황산의 얼음골

'얼음골'이라는 이름에서 알 수 있듯이 이곳은 얼음과 관련이 있어요. 초여름에 얼음이 얼기 시작해서 한여름까지 얼음을 볼 수 있는 곳이지요. 경상남도 밀양시의 천황산에 있는 얼음골 바위틈에서는 한여름에도 에어컨을 켠 듯 냉기가 뿜어져 나온다고 해요. 경상남도 밀양시 외에도 경상북도 의성과 청송, 충청북도 제원에도 여름에 얼음이 어는 지역이 있다고 해요. 여름철 피서지로 이만한 곳이 없겠군요.

마지막으로 소개할 내용은 경기도 양평군의 '두물머리'예요.

▲ 두물머리의 위치

▲ 두물머리

'두물머리'는 두 물줄기가 만나는 곳이라고 해서 붙은 이름이에요. 여기서 두 물줄기는 북한강과 남한강을 말하는데 두 물줄기가 만나 하나로 합쳐져 한강이 시작되는 곳이지요. 이곳에서부터 한강이 흘러 서울을 가로질러 서해로 가요. 옛날에는 배가 오고 가던 나루터였지만 요즘에는 사용하지 않고 있어요. 강과 나루터가 어우러지는 경치가 매우 아름다워서 많은 사람들이 좋아하는 곳이에요.

*다음에는 탄천과 피맛골, 서빙고에 얽힌 정보와 이야기를 알려 드릴게요.*
*여러분이 사는 지역에는 어떤 정보와 이야기가 있나요?*

#포은 #정몽주 #얼음골 #밀양 #두물머리 #양평 #지명 #옛이야기

---

**경기도 안성과
관련된 말 '안성맞춤'**

• 생각한 대로 잘된 물건을 비유적으로 이르는 말이다.
• 경기도 안성은 예로부터 놋그릇을 잘 만들기로 유명해서 안성에서 놋그릇을 주문하면 맞춘 것처럼 딱 들어맞는다는 데서 유래한 말이다.

▶ 블로그의 내용으로 알맞은 것에 ○표를 하세요.

지역에 전해 내려오는 이야기나 지명과 관련된 정보를 알려 준다.

지역에서 유명한 특산물이나 맛있는 먹을거리에 대한 정보를 알려 준다.

▶ 블로그에서 말한 장소와 관련 있는 내용을 선으로 이으세요.

얼음골 ·

두물머리 ·

· 남한강과 북한강의 두 물줄기가 만나는 곳

· 한여름에도 냉기가 나오며 얼음이 어는 곳

▶ 다음은 어느 지역과 관련 있는 이야기인지 찾아 ○표를 하세요.

 개경에 있던 포은 정몽주의 묘를 후손들이 고향인 경상북도 영천으로 옮기던 도중 포은의 이름을 적은 깃발이 바람에 날아갔다. 깃발이 날아간 곳을 찾아가 보니 땅이 넓고 햇빛이 잘 들어서 그곳에 포은 정몽주의 묘를 만들었다고 한다.

경기도 용인시          경상남도 밀양시          경기도 양평군

**활동 1** 다음은 경기도 양평군 두물머리 지역의 지도입니다. 두물머리에서 합쳐지는 두 강의 이름을 빈칸에 알맞게 쓰세요.

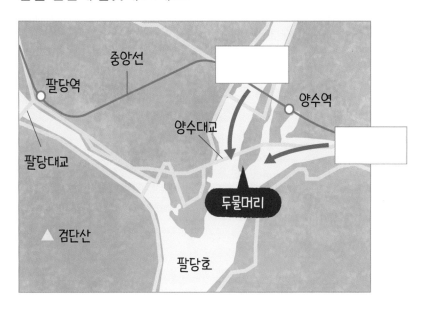

**2 주차**

**활동 2** 블로그에서 알게 된 내용을 바탕으로 하여 온라인 대화방에 밀양 얼음골에 대한 내용을 써 보세요.

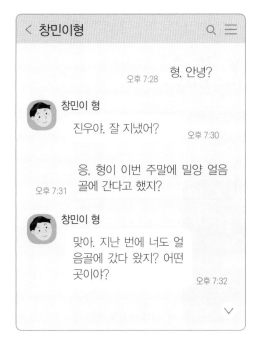

**2** 블로그를 읽고 댓글 쓰기

# 원효대사의 깨달음

서울에는 '원효로'라는 길이 있어요. 원효로라는 이름의 유래가 된 신라의 '원효'는 어떤 인물일까요? 원효와 관련된 이야기를 쓴 블로그를 읽고, 원효가 한 일에 대한 생각을 댓글로 써 보세요.

---

🏠 역사쟁이   ×   🏠 삼국 시대   ×  | +

내 블로그 | 이웃 블로그 | 블로그 홈   로그인   ⊞

블로그 📷 |                                            메모 | 안부

[삼국 시대/인물]

## 원효와 해골물

😊 공부하는 역사 지킴이   2000. 05. 13   17:21                      URL 복사

불교를 널리 알리는 데 힘쓴 신라의 대표적인 승려인 원효에 대해 알아보아요.

신라의 승려인 원효는 불교 공부를 하러 의상과 함께 당나라로 떠났어요.

몇 날 며칠을 걸어 당나라로 가던 어느 날, 날이 어두워져 원효와 의상은 동굴에서 하룻밤을 지내게 되었어요. 잠을 자던 원효는 새벽녘에 목이 말라서 잠에서 깨어났어요. 너무 깜깜해서 마실 것이 없는지 주위를 더듬던 원효는 바가지에 물이 담겨 있는 것을 발견하고는 벌컥벌컥 시원하게 물을 마시고 다시 잠이 들었지요. 그런데 날이 밝아 잠에서 깬 원효는 소스라치게 놀랐어요. 새벽에 그렇게 맛있게 마신 물이 해골에 고인 썩은 물이었던 것이에요. 원효는 큰 깨달음을 얻었어요.

> '물은 어젯밤이나 오늘이나 똑같은데, 달라진 것은 내 마음이구나.
> 진리는 밖에 있는 것이 아니라 내 안에 있거늘…….'

원효는 당나라로 가던 길을 멈추고 다시 돌아왔어요. 그 뒤 원효는 백성들이 불교를 잘 이해할 수 있도록 쉽게 설명한 책을 만들고, 불교를 널리 알리는 일에 힘썼어요.

◀ 원효가 세운 심향사

---

**확인** 이 내용이 담긴 디지털 매체는 ㅂ ㄹ ㄱ 이다.

▶ 해골물을 먹은 원효가 깨달은 것에 ○표를 하세요.

| 진리는 내 안에 있다. | |
| --- | --- |
| 당나라로 가는 길은 위험하다. | |
| 신라에서는 깨달음을 얻을 수 없다. | |

▶ 블로그를 읽고 알 수 있는 내용에 ○표를 하세요.

> 글쓴이가 관심 있는 주제가 ( 위인들의 삶 , 친구들의 일상 )이라는 것을 알 수 있다.

**활동** 블로그를 읽고, 신라 시대의 승려인 원효가 한 일에 대한 생각을 정리해 써 보세요.

> ❤ 공감 5 | ∨    💬 댓글 3 | ∧
>
> ↳ **분홍연꽃** 불교를 쉽게 설명한 책을 만든 것을 보니 원효는 불교를 백성들에게 알리고
> 싶어 했다는 것을 알 수 있어.
> ↳ **역사돌이** 해골물을 먹고 깨달음을 얻다니 원효는 정말 대단한 것 같아.
> ↳ **천년신라** 원효는 일반적인 승려와는 다른 삶을 살았던 인물이네.
>
> ↩ 댓글
>
> 댓글 달기
>
> 1000자 이내  등록

**당나라로 간 의상은?** │ 당나라로 함께 떠났던 원효와 의상 중에서 원효는 중간에 다시 신라로 되돌아왔
지만 의상은 당나라에 가서 불교 공부를 열심히 했다. 신라로 돌아온 의상은 부
처님이 깨달음을 얻었던 화엄경을 불교의 기본으로 하자는 화엄종을 열고 많은
제자를 길러 냈다.

**1** 다음 설명에 알맞은 내용에 ◯표를 하세요.

> 텔레비전 뉴스를 진행하기 위해 필요한 것은 ( 뉴스 방송 대본 , 인터넷 게시판 )이다.

**2** 다음과 같은 매체의 특징은 무엇인가요? (          )

① 정확한 정보를 찾을 수 있다.
② 다른 사람과 실시간으로 대화할 수 있다.
③ 전하려는 내용을 줄글로 표현할 수 있다.
④ 표정이나 행동을 알 수 없어서 오해가 생길 수 있다.
⑤ 그림과 인물의 대사로 내용을 효과적으로 전달할 수 있다.

**3** 다음에서 설명하는 매체는 무엇인가요? (          )

> • 직접 글을 쓰면서 생각이나 정보를 모아 둘 수 있다.
> • 사진이나 음악, 영상 등을 활용하여 글을 쓸 수 있다.

① 광고
② 블로그
③ 뉴스 방송 대본
④ 스토리보드
⑤ 인터넷 백과사전

**4**

다음 매체에 대한 설명으로 알맞지 <u>않은</u> 것은 무엇인가요?

(          )

① 대화의 중심 내용에 알맞게 말한다.
② 다른 사람과 사진을 주고받을 수 있다.
③ 다른 사람과 실시간으로 대화할 수 있다.
④ 정해진 시간에 전하려는 내용을 한꺼번에 알려야 한다.
⑤ 직접 만나지 않고 대화하더라도 예의를 지켜 말해야 한다.

**5** 다음 매체에 대한 설명으로 알맞은 것은 무엇인가요? (          )

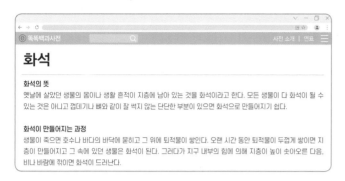

① 다른 사람과 실시간 대화를 할 수 있다.

② 글이나 사진, 영상 등으로 정보를 제공한다.

③ 줄임말이나 유행어를 사용하여 대화를 주고받는다.

④ 글쓴이가 관심 있는 정보만 모아서 내용을 구성한다.

⑤ 다른 사람에게 전하고 싶은 생각이나 정보를 전달한다.

**6** 인터넷 게시판의 특징으로 알맞지 <u>않은</u> 것은 무엇인가요? (          )

① 여러 사람이 글쓰기에 참여할 수 있다.

② 다른 사람과 실시간 대화를 할 수 있다.

③ 댓글을 통해 읽는 사람의 생각을 전할 수 있다.

④ 사진이나 영상 등을 이용하여 내용을 쓸 수 있다.

⑤ 댓글을 통해 다른 사람과 정보를 주고받을 수 있다.

**7** 다음 설명에 알맞은 말에 ◯표를 하세요.

( 광고 , 댓글 )은/는 인터넷 뉴스, 인터넷 게시판이나 블로그를 읽고 난 뒤, 글에 대한 생각
이나 느낌, 하고 싶은 말을 짧은 글로 표현한 것이다.

# 주리가 그만뒀어요!

다음 날, 연우는 이전보다 더 일찍 강습장에 도착해 몸을 풀고 있었어요. 한참 지나서야 주리가 도착했어요.

오늘도 선생님은 어제 연우와 주리가 제대로 하지 못했던 동작을 다시 연습시키셨어요.

"다시!"

"다시!"

"다시!"

"우리 연우는 뒤로 갈 때 균형이 떨어지고, 주리는 앞으로 갈 때 동작을 더 크게 했으면 좋겠어!"

선생님이 연우와 주리가 부족한 점을 말씀해 주셨어요. 연우는 선생님의 말씀을 주의 깊게 들으며 그것을 다시 해 보고 싶어서 안달이 났어요. 그런데 주리는 처음 들어올 때부터 심통이 잔뜩 난 얼굴이었어요. 지금도 선생님 말씀을 듣는 둥 마는 둥 했지요.

　이번 승급 시험의 가장 중요한 동작은 하프 서클 백 아웃, 백 인이었어요. 자기의 키보다 1.5배 정도로 원을 크게 돌면서 앞으로, 뒤로 움직이는 게 가장 중요한 점이었지요. 피겨스케이팅의 가장 기본이 되는 동작이었어요. 그래서 이 동작을 제대로 해내지 못하면 시험에서 떨어져요. 어떻게 보면 지난 일 년 동안의 노력이 고스란히 물거품이 되는 거예요.

　연우는 선생님의 말씀대로 잘하기 위해서 동작을 여러 번 반복했어요. 뒤로 갈 때는 균형을 맞추고, 동작을 정확하게 하기 위해 노력했지요. 그런데 주리는 청개구리처럼 자기가 잘하는 뒤로 가기만 자꾸 하는 게 아니겠어요?

　연우는 빙상장을 돌면서 주리랑 마주칠 때마다 언뜻언뜻 '쟤가 오늘 왜 저러지?' 하고 생각했어요.

　또 저러다가는 선생님께 혼이 날 것 같아서 걱정스럽기도 했지요. 그렇지만 연우는 자신이 부족한 동작을 몸에 익히는 게 더 중요하다는 생각이 들었어요. 앞으로 한 달 뒤면 시험인데, 이렇게 하다간 자칫 시험에 떨어질까 봐 걱정스러웠지요.

　선생님이 큰 소리로 주리를 부르는 소리가 들렸어요.

　"연주리! 연습 그만하고 잠깐 이리 오세요!"

주리가 한숨을 쉬더니 선생님께 다가가는 모습이 보였어요. 한눈에 봐도 툴툴대는 게 느껴졌지요.

"연주리! 너 어제부터 연습도 게을리하고, 선생님이 시키는 대로 안 하는 이유가 뭐야!"

선생님 앞에 와서도 자기 발끝만 보고 있는 주리에게 선생님이 버럭 소리를 지르셨어요. 연우는 너무 놀라 연습하던 동작을 멈추고 두 사람을 지켜봤지요. 선생님이 저처럼 화가 난 모습은 처음 봤어요. 조마조마했지요.

"날마다 연습해도 안 되잖아요! 선생님은 만날 똑같은 거 다시 하라고 하시고요! 이젠 저도 제 맘대로 안 되고 짜증이 나요!"

주리가 분통을 터뜨렸어요.

선생님이 기가 막혀 하시는 것 같더니, 화를 꾹 참고 주리를 달랬어요.

"주리야, 어느 스포츠이든 끊임없이 연습해야 잘할 수 있는 거란다. 네가 똑같은 동작을 계속 하는데도 잘 안 돼서 속상하고 화가 나는 마음이 드는

건 선생님도 다 안단다. 선생님이라고 그런 경험이 없겠니? 좀 더 열심히 하고 노력하면 잘할 수 있어. 마음 좀 가라앉히고 다시 한 번 해 보자, 응?"

주리는 입을 앙다문 채 아무 대답도 하지 않았어요. 주리 마음속은 활화산처럼 부글부글 끓고 있었지요.

"모르겠어요, 선생님, …… 저는 재능이 없는 것 같아요."

주리가 꾸벅 선생님께 인사를 하더니 탈의실로 갔어요. 놀란 연우가 탈의실로 쫓아갔어요. 주리는 어느새 연습복을 다 벗고 자기 옷으로 갈아입고 있었어요.

"주리야, 너 왜 그래? 우리, 요정 언니처럼 멋진 선수가 되기로 했잖아?"

연우의 말에 주리가 입을 내밀었어요.

"요정 언니는 무슨. 너는 언제까지 꿈속에서 살 거냐? 난 재능도 없는 이런 거, 당장 그만둘래. 엄마한테도 어제 다 말했어."

연우는 너무 놀랍기도 하고, 지금 당장 그만둔다는 주리가 안타깝기도 했어요.

"그러지 마. 어제 선생님이 그러셨어. 김연아 선수도 노력해서, 정말 수없이 연습해서 멋진 선수가 된 거라고! 우리도 노력하면 할 수 있어."

"모범생 주연우! 너나 많이 해라. 나는 이제 그만둘 거야. 피겨스케이팅 그만두고 그림 배우기로 했어."

연우는 깜짝 놀랐어요. 항상 불끈불끈하는 주리 성격이 자기와는 잘 맞지 않았지만 같이 배우는 친구가 있다는 것이 좋았거든요. 그런데 당장 피겨스케이팅을 그만두고 뜬금없이 그림을 배운다고요? 연우가 당황하는 사이, 주리가 "너나 잘해!" 하면서 탈의실을 빠져나갔어요.

**이어지는 내용은 100쪽에** >>>

연우는 그동안 열심히 갈고닦은 여러 기술들을 실수하지 않고 잘 해냈어요.

아이스 링크를 도는 내내 스마트폰 불빛이 번쩍거리는 것 같았지만,

이젠 아무것도 신경 쓰이지 않았어요.

"잘했어, 연우아. 정말 실수 없이 잘했어. 무조건 합격할 거야."

– 가치 동화 〈이겨내고, 또 이겨내고〉 중에서 –

# 3
## 주차

**1 웹툰을 읽고 알맞은 인사말 하기**

# 여러 나라의 인사말

웹툰 〈반갑다, 친구야〉에서는 세계 잼버리 대회에 참가한 친구들이 인사를 나누고 있어요. 각자 자기 나라의 인사말과 인사 방법으로 인사를 하네요. 여러분도 세계 여러 나라 친구들에게 우리나라의 인사말과 인사 방법으로 인사를 해 보세요.

## 반갑다, 친구야 〈세계 잼버리 대회〉

하이.

미국 친구

잠보.

케냐 친구

### 여러 나라의 인사말과 인사 방법을 살펴볼까요?

나마스테.

**인도, 네팔**

두 손을 펴서 가슴 앞에서 맞대고 고개를 살짝 숙인다.

봉주르.

**프랑스**

서로 가볍게 안고 양쪽 뺨을 번갈아 댄다.

니하오

**중국**

두 손을 가슴 앞에 모으고, 한 손으로 주먹을 쥐고 다른 손으로 주먹을 감싸며 인사한다.

**확인** 이 내용이 담긴 디지털 매체는 [ㅇ] [ㅌ] 이다.

▶ 각 나라의 인사말을 알맞게 선으로 이으세요.

| 미국 | • | • | 잠보. |
|---|---|---|---|
| 케냐 | • | • | 하이. |

▶ 다음은 어느 나라의 인사 방법인지 쓰세요.

> 서로 가볍게 안고 양쪽 뺨을 번갈아 댄다.

**활동** 세계 여러 나라 친구들에게 인사할 때 알맞은 우리나라의 인사말과 인사 방법을 써 보세요.

| 인사말 |
|---|
| |

| 인사 방법 |
|---|
| |

**세계 잼버리 대회**

• 세계 각국의 청소년들이 모여 국가, 종교, 언어를 넘어서서 국제 이해와 우애를 다지는 스카우트의 세계 야영대회로, '청소년의 올림픽'이라고 불린다.
• 잼버리는 '유쾌한 잔치', '즐거운 놀이'라는 뜻의 북아메리카 인디언의 '시바아리'라는 말에서 유래되었다.
• 1920년 런던에서 처음으로 열렸고, 이후 4년마다 한 번씩 열린다.

**2** 스토리보드를 읽고 인물에게 문자 메시지 쓰기

# 쌍둥이라도 달라요

쌍둥이인 혜림이와 혜진이가 주인공인 드라마의 스토리보드예요.
각 장면의 대사와 해설을 보면서 인물의 마음을 짐작해 보고, 혜진이에게 문자 메시지를 써 보세요.

| 장면 번호 | 장면 그림 | 대사와 해설 | 배경 음악 효과음 |
|---|---|---|---|
| 1 | | 싸늘한 분위기가 감도는 집. 두 아이가 서로 못마땅한 표정으로 있다.<br><br>엄마: 너희들 학원 안 가니? 그림 대회도 얼마 안 남았잖아.<br>혜림: 앗, 깜박했어요. (방에서 가방을 챙겨 나오며) 빨리 가야겠다. | 불안한 느낌의 음악 |
| 2 | | 혜진: 그림 대회에 꼭 나가야 해? 나는 어차피 상도 못 받을 텐데,<br><br>혜진이 휙 돌아서 방 쪽으로 걸어간다.<br><br>엄마: 혜진아, 그림 대회에 꼭 상을 받으러 나가는 건 아니잖니. 그림 대회 나가면서 경험도 쌓는 거지. | 불안한 느낌의 음악 |
| 3 | | 혜림이가 현관에서 신발을 신고 있다.<br><br>혜림: 엄마, 다녀올게요!<br>엄마: 혜진이랑 같이 가. 너희 둘 싸웠니? 혜진이 왜 저러니?<br>혜림: 어제 미술 학원에서부터 저래요. 미술 선생님이 내 그림 보시며 창의적이라고 칭찬했는데, 혜진이에게는 나만큼 그림을 잘 그리지는 않는다고 하셨거든요. 아마 그때부터인 것 같아요. | |
| 4 | | 혜진: (짜증 나는 목소리로) 다 들려, 다 들려! 아예 동네방네 소문을 내지 그래? 너는 미술에 소질이 있다는 칭찬도 많이 받고, 대회에 나가면 상도 늘 타잖아. 그럴 때마다 짜증 나. 내가 학원을 그만둘 거야!<br>엄마: 혜진아, 그래도 이런 일로 갑자기 학원을 그만두겠다고 하면 어떡하니? 좀 더 생각해 보자. | |

**확인** 이 내용이 담긴 디지털 매체는 드라마 [ㅅ][ㅌ][ㄹ][ㅂ][ㄷ] 이다.

| 장면<br>번호 | 장면 그림 | 대사와 해설 | 배경 음악<br>효과음 |
|---|---|---|---|
| 5 | | 혜진이 다시 거실로 나온다.<br>혜진: 지난 달에도 혜림이만 그림 대회에서 상 탔잖아요. 엄마도 그때 혜림이한테만 용돈 주신 거 다 알아요.<br>엄마: (머리를 긁적이시며) 아, 그건 약속을 했었던 일이잖니. 상 받으면 용돈 주기로……. 엄마는 너가 알면 기분이 상할 것 같아서 혜림이만 있을 때 몰래 준 건데. | |
| 6 | | 혜림: 야! 용돈 주신 건 엄마랑 나랑 둘만 아는 일인데? 너 혹시 내 일기장 본 거야?<br>혜진: 어떻게 알든 말든! 사실이잖아.<br>혜림: (화를 내며) 뭐? 사실이면 남의 일기를 그렇게 맘대로 봐도 된다는 거야?<br>엄마: 그만해라. 그만해. 이러다 학원에 늦겠어. 일단 같이 다녀와. | 깜짝<br>놀라는<br>느낌의<br>효과음 |
| 7 | | 혜진: (가방을 내려놓으며) 엄마, 진짜 나는 오늘부터 미술 학원 안 갈래요. 저는 이쪽엔 소질이 없나 봐요. 이런 일 있을 때마다 혜림이한테 늘 지는 것 같아서 기분도 나빠요.<br>혜림: (아무렇지 않게 현관문을 열며) 엄마, 일단 저는 가요. 혜진이 너는 오든 말든 맘대로 해!<br>혜림은 나가 버린다. | |
| 8 | | 혜진: (울음을 터뜨리며) 나보다 그림 잘 그리는 게 뭐 대단한 일이라고! 미술 선생님도 그래요. 쌍둥이면 그림을 똑같이 잘 그려야 하나요? 선생님께서 그럴 때마다 정말 속상해요. (엄마를 바라보며) 엄마, 이제 저는 그림 말고 제가 더 잘할 수 있는 걸 찾아볼 거예요. 더 이상 비교되기 싫어요.<br>엄마: 그래, 지금까지 혜진이가 속상했겠구나. | |
| 9 | | 풀이 죽은 혜진이는 방으로 들어가고 엄마는 거실 쇼파에 앉아 생각에 잠긴다. | 무거운<br>느낌의<br>잔잔한<br>음악 |

**스토리보드란?**

- 영화나 드라마, 텔레비전 광고와 같은 영상물을 만들기 쉽도록 대본의 중요 장면을 글과 그림으로 미리 정리해 놓은 것이다.
- 스토리보드에는 장면 번호, 장면 그림, 대사, 해설, 배경 음악, 효과음 등이 나타나 있다.

▶ 스토리보드에 나타난 인물 사이의 갈등을 모두 골라 ○표를 하세요.

용돈을 똑같이 주지 않은 엄마와 혜진이의 갈등 ☐

미술 실력 때문에 자존심이 상한 자매의 갈등 ☐

학원에 가는 시간이 달라서 화가 난 자매의 갈등 ☐

▶ 스토리보드의 특징을 모두 골라 기호를 쓰세요.

㉮ 서론, 본론, 결론의 짜임으로 내용이 이루어진다.
㉯ 어떤 물건에 대한 정보를 이해하기 쉽게 알려 준다.
㉰ 대본의 중요 장면을 글과 그림으로 미리 정리해 놓았다.
㉱ 장면 번호, 장면 그림, 효과음, 배경 음악 등이 나타나 있다.

▶ 스토리보드의 내용을 바탕으로 드라마를 촬영할 때 거실의 분위기를 알맞게 말한 친구에게 ○표를 하세요.

**활동 1** 혜진이에게 위로하는 마음을 전달할 수 있는 방법을 써 보세요.

**활동 2** 내가 혜진이였다면 다음 장면에서 어떤 기분이 들었을지 써 보세요.

미술 선생님이 혜진이에게 혜림이만큼 그림을 잘 그리지 않는다고 말하는 장면

**활동 3** 혜진이의 친구가 보낸 문자 메시지를 보고, 나도 혜진이에게 해 주고 싶은 말을 문자 메시지로 써 보세요.

| | |
|---|---|
| .ull 🛜  오후 02:30  100% ▮▮▮▮ | .ull 🛜  오후 02:30  100% ▮▮▮▮ |
| 새로운 메시지  취소 | 새로운 메시지  취소 |
| 받는 사람: 혜진  ➕ | 받는 사람: 혜진  ➕ |
| 혜진아, 미술 학원에서도, 집에서도 기분이 많이 상했지? 나라도 속상했을 것 같아. 그래도 분명 너가 더 잘할 수 있는 것이 있을 거야. 사람은 누구나 자신만의 장점이 있으니까 말이야.<br>힘내! | |
| ⊞                    # | ⊞                    # |
| Ⅲ    ◯    ‹ | Ⅲ    ◯    ‹ |

**1** 인터넷 뉴스를 읽고 댓글 쓰기

# 무인 항공기 드론

드론에 대한 인터넷 뉴스예요. 처음에는 군사용으로 만들어졌던 드론이 점점 발달하여 이제는 우리 생활에서 어떻게 사용되는지 인터넷 뉴스를 읽고 내용에 알맞은 댓글을 써 보세요.

---

NEWS | **과학** | 정치 | 스포츠 | TV 연예 | 날씨      + ✉ ⠿

## 드론 어디까지 진화하나

기사 전송 20○○-11-11 11:32:00

[ETS뉴스 강한솔기자] 최근 드라마나 예능에서 자주 등장하는 드론, 일반인의 관심이 높아지고 있다.
드론은 군사용 무인 항공기로 개발되었는데, 이 작은 무인 항공기에서 나는 소리가 마치 벌이 웅웅거리는 소리와 비슷하여 '웅웅거리는 소리'라는 뜻의 드론이라는 이름이 붙여졌다.

▲ 물건을 배달하는 드론     ▲ 의료용품을 옮기는 드론     ▲ 농약을 뿌리는 드론

드론은 카메라, 센서, 통신 시스템을 갖추고 있으며, 25 g부터 1200 kg까지 그 크기와 무게도 다양하다.
드론은 사람이 타지 않고 이동하기 때문에 험난한 산악 지역과 같은 사람이 직접 가기 어려운 곳도 갈 수 있다. 또 좁은 공간에서 위아래로 오르내릴 수 있기 때문에 빌딩이 많은 도시에서도 비행을 할 수 있다는 장점이 있다.
드론의 성능이 점점 발달하면서 그 쓰임새도 달라졌다. 방송용으로 사용할 때는 하늘 높이 올라 전체 장면을 촬영할 수 있고, 택배용으로 사용할 때는 물건을 정확한 장소에 배달할 수 있다. 그밖에 사람이 직접 가기 어려운 장소에 의료용품을 전할 때나 농촌에서 농약을 뿌리거나 사료를 뿌릴 때도 드론을 사용한다.
이처럼 드론은 이미 여러 분야에서 활용되고 있지만 앞으로도 더 많은 분야에서 활용될 전망이다.

♡ 공감 5 | ∨    💬 댓글 3 | ∧       🔖 ⤴ 인쇄

ㄴ **날아날아** 우리 집에서도 드론으로 택배를 받아 보았으면 좋겠어요.
ㄴ **초록지우개** 드론을 활용할 수 있는 곳이 많구나!
ㄴ **동그라미** 드론은 좋은 점도 있지만 불편한 점도 있는 거 같아요.

---

**확인** 이 내용이 담긴 디지털 매체는 인터넷 [ㄴ] [ㅅ] 이다.

▶ 인터넷 뉴스의 주제에 ○표를 하세요.

물건 배달이 점점 늦어지는 이유

무인 항공기 드론의 장점과 쓰임새

▶ 인터넷 뉴스의 특징을 모두 골라 기호를 쓰세요.

㉮ 인터넷 뉴스에는 댓글을 쓸 수 있다.
㉯ 기사를 쓴 기자의 이름을 알 수 없다.
㉰ 인터넷에 기사를 올린 전송 시간을 알 수 있다.

**활동** 드론에 대한 인터넷 뉴스를 다시 읽고, 댓글을 써 보세요.

3개의 댓글 ↻

현재 댓글 3 | 작성자 삭제 0 | 규정 미준수 0

댓글 작성하기                                            나의 작성 댓글 ＞

☺                                              300자 이내 | 등록

---

| **인터넷 뉴스의 특징** | • 기사를 올린 전송 시간을 알 수 있으며, 기사 내용을 수정할 수가 있다. |
| | • 기사에 공감하는 표현을 하거나 댓글을 쓸 수 있다. |
| | • 기사를 출력할 수도 있고, 다른 사람과 공유할 수도 있다. |

**2** 웹툰과 인터넷 백과사전을 읽고 인터넷 게시판에 답글 쓰기

# 햄스터를 키워요

요즘에는 반려동물로 개, 고양이, 새 등을 많이 키우는데 그중에서 햄스터에 대해 알아보려고 해요. 웹툰과 인터넷 백과사전에서 반려 햄스터에 대해 알아보고 인터넷 게시판에 답글을 써 보세요.

## 햄스터의 여러 가지 특징

햄스터는 몸집이 작다. 가장 많이 키우는 골든 햄스터는 12~17 cm 정도이고, 로보로브스키 햄스터는 더 작다.

햄스터는 옥수수, 해바라기씨 같은 곡물을 주로 먹지만 가끔 귀뚜라미나 메뚜기 같은 곤충을 먹기도 한다.

햄스터는 주로 밤에 활동하고, 겁이 많아서 갑자기 만지려고 하면 물기도 하므로 조심스럽게 다루어야 한다.

햄스터는 추위에 약하다. 더운 지역에 살던 동물이어서 추위를 잘 견디지 못하므로 따뜻한 곳에서 키워야 한다.

**확인** 이 내용이 담긴 디지털 매체는 웹툰과 인터넷 ⬚ ⬚ ⬚ ⬚ 이다.

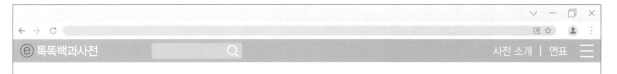

## 반려 햄스터 키우기

### 반려 햄스터
사람들이 마음을 편안하게 하기 위해 반려동물로 키우는 햄스터를 말한다.

### 반려 햄스터 고르기
성격이 순한 골든 햄스터나 몸집이 작은 로보로브스키 햄스터가 인기가 많다. 캠벨 햄스터나 차이니즈 햄스터는 까다로운 성격이어서 반려동물로는 잘 키우지 않는다.

### 햄스터 사육장 꾸미기
다음과 같은 용품으로 햄스터 사육장을 만들어 줄 수 있다. 쳇바퀴는 햄스터가 운동을 하는 데 필요하고, 작은 은신처는 햄스터가 숨어서 쉬면서 스트레스를 줄이기 위해 필요하다.

〈준비물〉

▲ 쳇바퀴　　▲ 화장실　　▲ 밥그릇　　▲ 은신처　　▲ 급수기　　▲ 사육장

## 반려 햄스터를 키울 때 주의할 점

### ❶ 서서히 길들인다.
햄스터는 겁이 많아서 처음부터 손으로 쓰다듬으려고 하면 손을 물거나 도망간다. 그래서 며칠 동안 간식을 햄스터에게 주면서 서서히 친해져야 한다. 어려서부터 잘 훈련시키면 손에 햄스터를 올려서 만질 수도 있다.

### ❷ 사육장의 문을 잘 닫는다.
성격은 온순하지만 자주 도망가려고 하므로 평소에 사육장 문을 잘 닫아 두어야 한다.

### ❸ 온도를 알맞게 맞춘다.
추위에 약하기 때문에 봄, 가을, 겨울에 알맞은 온도를 유지해야 한다.

### ❹ 물로 목욕을 시키지 않는다.
햄스터를 물로 목욕을 시키면 스트레스를 많이 받는다. 그리고 귀나 폐에 물이 들어가면 병이 생길 수 있으므로 물로 목욕을 시키지 않는다.

---

**골든 햄스터가 사막에 살던 동물이라고?**

골든 햄스터는 시리아의 사막 지역에서 처음 발견되었는데 작고 키우기가 쉬웠다. 새끼를 낳는 기간도 짧아서 연구실에서 실험용 동물로 있다가 집으로 데려와 키우게 되면서 반려동물이 되었다. 하지만 사막에 계속 살던 야생 골든 햄스터는 자연 환경의 변화와 환경 오염 등으로 멸종 위기에 처했다.

▶ 인터넷 백과사전의 내용으로 알맞은 것에 ◯표를 하세요.

| 반려 물고기 | 반려 거북이 | 반려 햄스터 |
|---|---|---|

▶ 반려 햄스터에 대한 설명으로 알맞은 것을 모두 골라 기호를 쓰세요.

㉮ 더위와 추위에 강하다.
㉯ 몸집이 작고, 밤에 주로 활동한다.
㉰ 옥수수, 해바라기씨 같은 곡물을 먹는다.
㉱ 물에서 헤엄치며 장난치는 것을 좋아한다.

▶ 햄스터 사육장을 꾸밀 때 필요한 용품에 모두 ◯표를 하세요.

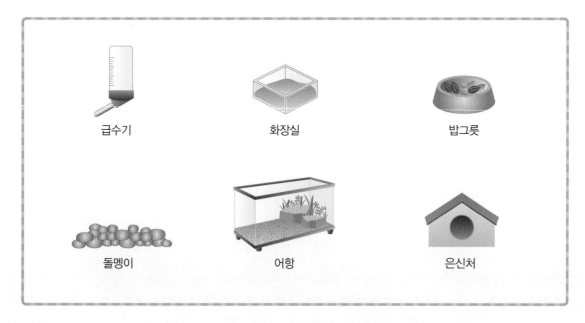

급수기        화장실        밥그릇

돌멩이        어항        은신처

**활동 1** 인터넷 백과사전을 읽고 햄스터를 키울 때 주의할 점을 정리해 보세요.

| 길들이기 | 사육장 관리 |
|---|---|
| 며칠 동안 간식을 주면서 천천히 친해져야 한다. | |

| 실내 온도 | 목욕하기 |
|---|---|
| 추위에 약하기 때문에 봄, 가을, 겨울에 알맞은 온도를 유지해야 한다. | |

**활동 2** 정리한 내용을 바탕으로 인터넷 Q&A 게시판에 올려진 질문에 알맞은 답글을 써 보세요.

**똑똑In**                                                    물어보기

Ｑ 햄스터를 집에서 키우고 싶어요. 햄스터를 키울 때 주의할 점에는 어떤 것이 있나요?        ⋮

                                                                💬 1:1

Ａ

**1** 블로그를 읽고 인터넷 게시판에 소개하는 글 쓰기

# 신사임당 다시 보기

신사임당이 현모양처이기 이전에 천재 화가로 유명했다는 사실을 알고 있나요? 민서는 예술가로서의 신사임당이 궁금해서 블로그를 찾아보았어요. 블로그의 글을 읽고, 인터넷 게시판에 신사임당에 대해 소개하는 글을 써 보세요.

---

🏠 역사 돋보기 × 🏠 초등과 함께 × +

← → C ☆

내 블로그 | 이웃 블로그 | 블로그 홈 [로그인]

블로그 🔟 | 메모 | 안부

[인물 다시 보기]

## 조선의 천재 화가, 신사임당

 꿈꾸는 크레파스  2000. 09. 16  16:45                       URL 복사

1504년 강원도 강릉의 한 양반가에서 다섯 딸 중 둘째로 태어나 시와 글씨, 그림에 남다른 재능을 보인 신사임당.

그러나 그 시대는 여자에게 기회가 없던 때였다. 딸의 재능이 안타까웠던 아버지 신씨는 그림을 좋아하는 딸을 위해 당시 최고의 화가였던 안견의 산수화를 어렵게 구해 주었다. 그림을 받은 어린 사임당은 스승 없이 혼자 그림을 그렸다.

그러던 어느 날 사임당에게 궁금한 점이 생겼다.

▲ 〈초충도〉

"아버지, 아무래도 제가 본 그림들은 중국 그림을 따라 그린 것 같아요."

"왜 그러느냐?"

"오늘 생선 장수가 쏘가리를 가지고 왔는데 그림으로 본 것과 달랐어요. 그래서 생선 장수에게 물어보니 그림의 쏘가리는 우리나라 것이 아니라 중국 것이라고 하였어요. 저는 이제부터 제가 직접 본 것들을 사실 그대로 그릴 거예요."

그때부터 사임당은 자신의 눈에 보이는 담장 안의 세상을 그대로 그렸다. 비록 집 안의 작은 세상이지만 섬세하게 그려진 풀과 나비, 방아깨비와 같은 벌레나 들쥐, 개구리와 같은 동물들은 멋진 주인공이 되어 주었다. 사임당은 이렇게 완성된 〈초충도〉를 통해 사실적이면서도 섬세한 표현을 하는 자신만의 그림 세계를 이루었다.

학자인 아들 이율곡이 유명해지자 사람들은 신사임당을 천재 화가보다는 그를 낳은 어머니로 부르기 시작했다. 그리고 그녀는 현모양처의 상징이 되었다. 그러나 신사임당의 일생을 돌아보면, 그녀는 현모양처 이전에 훌륭한 예술가였다는 것을 알 수 있다.

---

**확인** 이 내용이 담긴 디지털 매체는 ⬚ ⬚ ⬚ 이다.

▶ 신사임당에 대한 설명으로 알맞은 것을 모두 골라 ○표를 하세요.

| 조선의 학자인 이율곡의 어머니이다. | |
|---|---|
| 조선 시대 최고의 화가인 안견의 제자였다. | |
| 〈초충도〉를 통해 자신만의 그림 세계를 이루었다. | |

▶ 〈초충도〉에 그려져 있는 소재를 모두 골라 기호를 쓰세요.

| ㉮ 풀 | ㉯ 나비 | ㉰ 사과 | ㉱ 들쥐 | ㉲ 황소 |
|---|---|---|---|---|

**활동** 인터넷 게시판에 신사임당에 대한 글을 쓰려고 해요. 블로그에서 알게 된 내용을 바탕으로 신사임당을 소개하는 글을 써 보세요.

자유 게시판

☑ [인쇄]

등록일: 20○○.○○.○○ | 조회: 0

♥ 공감 0 | ⌄    💬 댓글 0 | ⌄

**〈초충도〉란?** | 신사임당의 〈초충도〉는 여덟 폭의 병풍에 그려져 있는 그림으로, 〈수박과 들쥐〉, 〈가지와 방아깨비〉, 〈오이와 개구리〉, 〈양귀비와 도마뱀〉 등이 있다. 생활 주변에서 흔히 볼 수 있는 풀과 벌레와 동물을 그린 이 작품들은 주변의 작은 것에도 관심을 가졌던 조선 시대 사람들의 자연을 사랑하는 마음을 보여 준다.

**2 인터넷 게시판을 읽고 댓글 쓰기**

# 멕시코 민요, 라쿠카라차

멕시코 민요인 〈라쿠카라차〉를 들어 본 적 있나요? 진호가 텔레비전 방송에서 〈라쿠카라차〉에 대한 내용을 보고 인터넷 학급 게시판에 글을 썼어요. 진호의 글을 읽고, 〈라쿠카라차〉에 대해 든 생각을 댓글로 써 보세요.

---

**자유 게시판**

🏠 4학년 > 2반 > 자유 게시판          ↗  인쇄

### <라쿠카라차>에 담긴 슬픈 역사

작성자 | 손진호    작성일 | 20○○.08.09. 10:40                    조회: 4

얘들아, 알려 주고 싶은 것이 있어.

내가 요즘 텔레비전에서 다큐멘터리 프로그램을 자주 보거든. 그런데 마침 우리가 아는 노래가 다큐멘터리 주제로 나왔더라고.

3월 특별 활동 시간에 멕시코 민요 〈라쿠카라차〉에 맞춰서 율동했던 거 기억나니? 멕시코 사람들이 즐겨 불렀다는 민요. 그때 우리가 듣고 신나게 춤췄던 이 민요가 사실은 옛날에 가난하고 살기 힘들었던 멕시코 사람들의 슬픈 마음을 담은 노래라는 것을 알게 되었어.

'라쿠카라차'라는 말은 스페인어로 바퀴벌레를 뜻한대. 멕시코 사람들이 자신들을 어려운 환경에서도 끈질기게 살아남는 바퀴벌레에 빗대어 노래로 표현한 거지. 우리가 신나게 따라 부르며 율동을 했던 그 노래가 멕시코의 슬픈 역사가 담긴 곡이었다니……. 당시 멕시코 사람들은 〈라쿠카라차〉를 함께 부르면서 힘을 얻었다고 해.

노래에도 한 나라의 역사가 담겨 있다는 사실이 놀랍지 않니?

♥ 공감 2 | ∨          💬 댓글 3 | ∧

> ↳ **은결** <라쿠카라차>가 슬픈 노래였다니!
> ↳ **두준** 멕시코 사람들이 자신의 힘든 상황을 신나는 음악으로 표현했다는 것이 너무 슬퍼.
> ↳ **건우** 우리나라의 아리랑 같은 노래구나. 아리랑도 우리 조상들이 널리 즐겨 불렀던 노래인데.

---

**확인** 이 내용이 담긴 디지털 매체는 인터넷 ⬚ᄀ ⬚ᄉ ⬚ᄑ 이다.

▶ 인터넷 학급 게시판에 진호가 쓴 글의 내용을 찾아 ○표를 하세요.

| 멕시코 민요 〈라쿠카라차〉 | 멕시코 사람들의 생활 습관 | 멕시코에 가는 방법 |

▶ 진호가 인터넷 학급 게시판에 글을 쓴 까닭을 골라 기호를 쓰세요.

> ㉮ 친구들에게 좋아하는 노래를 들려주고 싶어서
> ㉯ 자신이 알게 된 내용을 친구들에게 알려 주고 싶어서
> ㉰ 자신이 알고 있는 것이 사실이 맞는지 확인하고 싶어서

**활동** 진호의 글과 친구들의 댓글을 읽고 〈라쿠카라차〉에 대한 생각을 댓글로 써 보세요.

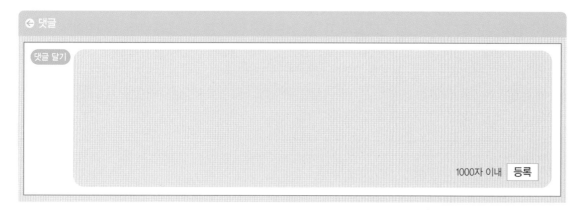

**세계 여러 나라의 민요** | 나라마다 그 나라만의 문화나 역사를 담은 민요가 있다. 우리나라에는 우리 민족의 정서를 담은 〈아리랑〉이 있고, 중국에는 아름답고 향기가 좋은 모리화를 노래한 〈모리화〉가 있다. 또 미국에는 빠르게 변하면서 발전했던 1800년대 미국의 역사를 담은 〈클레멘타인〉이 있다.

**1 인터넷 게시판을 읽고 댓글 쓰기**

# 용기 있는 엉뚱함

담임 선생님의 추천으로 《프린들 주세요》를 감명 깊게 읽은 수호는 인터넷 게시판에 책을 읽고 든 생각이나 느낌을 썼어요. 수호의 독자 후기와 친구들의 댓글을 읽고, 하고 싶은 말을 댓글로 써 보세요.

---

**독자 후기**

🏠 국내 도서 > 어린이 > **독자 후기**　　　　　　　　　　🔗 | 인쇄

---

[프린들 주세요] **용기 있는 엉뚱함**

🐵 **수호신** 20○○. 03. 09  10:40　　　　　　　　　평점 ★★★★★

---

저는 호기심이 많은 아이입니다. 가끔 엉뚱한 행동을 해서 친구들에게 놀림을 받기도 하고 어른들에게 혼나기도 합니다. 지난주에 선생님께서 저에게 이 책을 읽고 독서 감상문을 써 오라고 하셨습니다. 중간 정도까지 읽으니 선생님께서 왜 이 책을 저에게 소개해 주셨는지 알게 됐습니다.

엉뚱한 생각을 많이 하는 소년 닉은 어느 날 사전에 대해 배우다가 새로운 낱말이 어떤 과정으로 생겨나는지에 대해 알게 됩니다. 그러다가 닉은 문득 새로운 낱말을 만들어 내고 싶다고 생각하고 친구들과 함께 볼펜을 '프린들'이라고 부르기 시작합니다. 하지만 국어 담당인 그레인저 선생님이 새로운 낱말인 '프린들'을 사용하는 것에 반대하면서 작은 전쟁이 벌어집니다. 그 뒤로도 '프린들'과 관련된 여러 가지 사건들을 겪으면서 닉은 더욱 기발하고 창의적인 생각을 하고 그것을 행동으로 옮깁니다. 물론 그레인저 선생님이 도움을 주셨지만요.

저도 평소에 엉뚱한 행동을 자주 합니다. 그것을 누군가는 불편하게 보고, 또 다른 누군가는 창의적이라고 칭찬해 줍니다. 저와 저를 칭찬해 주는 사람은 《프린들 주세요》에 나오는 닉과 그레인저 선생님 같습니다.

호기심이 많다는 것은 생각이 많다는 것이고 그것을 행동으로 옮긴다는 것은 용기가 있는 것이라고 생각합니다. 정해진 틀 안에 갇혀 있는 사람들에게 부탁합니다. 호기심으로 시작한 엉뚱한 행동을 "왜 저러지?"라고 하지 말고 "그럴 수도 있겠구나."라는 시선으로 바라봐 주셨으면 합니다.

---

❤ 공감 5 | ⌄　　💬 댓글 2 | ⌃

ㄴ **배구소녀** 저는 이 책을 읽고 사람들이 쓰는 낱말은 사회적 약속이기 때문에 그 뜻을 함부로 바꾸면 안 된다고 생각했어요. 그런 제가 틀에 갇힌 사람이겠죠?

ㄴ **책이좋아** 닉이 생각을 넓힐 수 있게 도와주신 그레인저 선생님은 좋은 선생님이에요. 제 곁에도 그레인저 선생님 같은 어른이 있었으면 좋겠어요.

---

 이 내용이 담긴 디지털 매체는 인터넷 ⬜ㄱ ⬜ㅅ ⬜ㅍ 이다.

▶ 《프린들 주세요》에서 '프린들'은 무엇을 나타내는지 찾아 ○표를 하세요.

| 볼펜 | 사전 | 닉의 친구 |
|---|---|---|

▶ 수호의 독서 후기를 읽고 쓴 댓글의 공통적인 특징을 찾아 기호를 쓰세요.

> ㉮ 수호의 독서 후기에 나타난 문제점을 썼다.
> ㉯ 책을 산 장소나 책을 읽은 시간을 알려 주었다.
> ㉰ 책의 내용에 대한 수호의 생각이나 느낌에 반대하는 의견이다.
> ㉱ 책의 내용이나 수호의 독서 후기에 대한 자신의 생각이나 느낌을 썼다.

**활동** 수호의 독자 후기와 친구들의 댓글을 읽고, 하고 싶은 말을 댓글로 써 보세요.

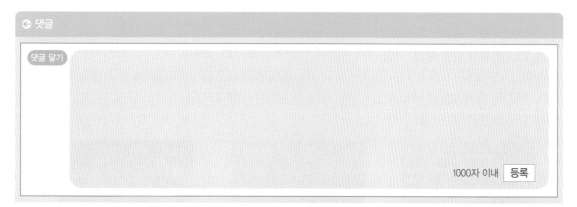

**인터넷 게시판 댓글의 특징**

- 여러 사람이 글쓰기에 참여할 수 있다.
- 짧은 글을 통해 자신의 의견을 표현할 수 있다.
- 다른 사람의 생각이나 의견을 확인해 볼 수 있다.

**2 블로그를 읽고 내용 요약하기**

# 무리 지어 사는 동물

동물을 좋아하는 원준이는 장래 희망이 수의사예요. 그래서 동물에 대한 책도 많이 읽고, 동물원에도 자주 가면서 알게 된 내용을 글로 썼어요. 원준이가 블로그에 쓴 글을 읽고 중요 내용을 요약해 보세요.

🏠 동물 보물창고 ×  🏠 서울 동물원 × | +

내 블로그 | 이웃 블로그 | 블로그 홈  로그인

블로그 🔟 |                                                          메모 | 안부

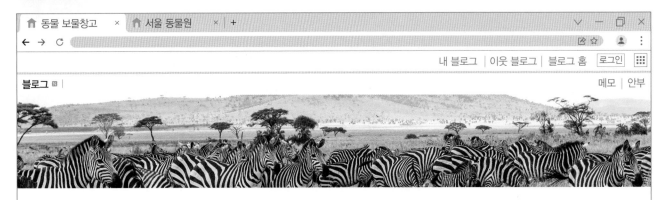

## 무리 지어 사는 동물

 김원준  2000. 10. 10  16:45                                    URL 복사

우리 집은 아빠, 엄마, 형, 나, 네 명이 집안일을 서로 나누어서 한다. 아빠는 맛있는 음식을 만들어 주시고, 엄마는 청소를 하시고, 형과 나는 재활용 쓰레기 분리배출을 한다.
동물 중에도 우리 가족처럼 서로 일을 나누어 하며 무리를 지어 사는 동물이 있다.
개미와 꿀벌 같은 곤충들은 평생 무리를 지어 산다. 그리고 육지에 사는 동물 중에는 미어캣이, 바다에 사는 동물 중에는 돌고래 등이 무리를 지어 사는 것으로 알려져 있다. 하늘을 나는 동물 중에는 기러기, 청둥오리 등이 때에 따라 무리를 짓기도 한다.

### 하는 일이 정해져 있는 동물, 개미
땅속이나 썩은 나무 속에서 사는 개미는 각자 하는 일이 정해져 있다. 여왕개미는 알을 낳는 일을 하고, 수개미는 여왕개미와 짝짓기하는 일을 한다. 일개미는 집을 지키고, 먹이를 구하고, 여왕개미가 낳은 알을 돌보는 등의 일을 한다.

▲ 개미집

▲ 먹이를 옮기는 일개미

▲ 알과 번데기를 돌보는 일개미

**확인** 이 내용이 담긴 디지털 매체는   ㅂ ㄹ ㄱ 이다.

### 집단 생활의 기준, 꿀벌

여왕벌을 중심으로 집단 생활을 하는 꿀벌도 개미처럼 모두 역할이 정해져 있다. 여왕벌은 짝짓기를 하여 알을 낳는 일을 하고, 수벌은 짝짓기하는 일을 한다. 일벌은 꿀을 모으는 일, 집을 지키는 일, 여왕벌이 낳은 알을 키우는 일 등을 한다.

여왕벌이 낳은 알에서 나온 새끼가 자라 새 여왕벌이 되면 원래의 여왕벌은 일벌들 중 일부를 데리고 다른 곳으로 옮겨서 벌집을 새로 만든다. 새로운 장소를 정할 때는 몇 마리의 벌에게 알맞은 장소를 미리 찾아보게 하고, 그 장소를 다른 벌들이 찬성하면 옮길 수 있다.

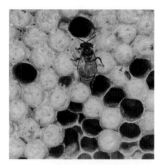
▲ 벌집과 어린 벌

▲ 꿀을 모으는 일벌

▲ 일하는 일벌

### 무리를 지키는 동물, 미어캣

사막과 같은 건조한 지역에 사는 미어캣도 무리 지어 생활하는 동물이다. 사막은 밤이 되면 갑자기 추워지기 때문에 미어캣은 낮에 최대한 체온을 높이기 위해 무리를 지어 햇볕을 쬔다.

이때 서로 번갈아 가면서 보초를 서는데 보초를 서는 시간은 미어캣마다 다르다. 보통 나이가 많은 수컷, 나이가 많은 암컷, 우두머리, 젊은 암컷이나 수컷의 순서로 보초를 서는 시간이 길다. 어린 미어캣은 보초를 서지 않으며, 암컷 중에서도 계급이 낮은 암컷은 새끼들을 돌보는 역할을 한다.

▲ 보초를 서는 미어캣

▲ 어린 미어캣

| 동물들이 무리 지어 사는 까닭 | • 자신들이 생활하는 곳을 다른 동물에게 빼앗기지 않기 위해서이다. |
| --- | --- |
| | • 자신들을 잡아먹는 힘이 센 동물들로부터 가족들을 지키기 위해서이다. |
| | • 무리를 지어 다니면 먹잇감을 쉽게 찾을 수 있기 때문이다. |

▶  알맞은 내용에 ○표를 하세요.

원준이가 쓴 블로그는 ( 혼자 사는 동물 , 무리 지어 사는 동물 )에 대한 내용이다.

▶  블로그의 내용으로 알맞은 것에 모두 ○표를 하세요.

꿀벌이나 개미는 무리를 지어 산다.

하늘을 나는 동물 중 기러기와 청둥오리는 평생 무리를 지어 산다.

미어캣은 낮에 최대한 체온을 높이기 위해 무리를 지어 햇볕을 쬔다.

▶  꿀벌의 특징을 모두 골라 기호를 쓰세요.

㉮ 집단 생활에서 같은 일을 다 함께 나누어서 한다.
㉯ 수벌은 꿀을 모으고, 집을 지키고, 알을 키우는 일을 한다.
㉰ 여왕벌이 장소를 이동할 때는 벌을 미리 보내 새로운 곳을 찾아보게 한다.
㉱ 한 벌집에서 여왕벌이 새로 생기면 새 여왕벌은 다른 곳으로 가서 벌집을 만든다.
㉲ 여왕벌이 장소를 옮길 때는 새로운 장소를 다른 벌들이 찬성을 해야 이동할 수 있다.

활동 블로그를 다시 읽고 중요 내용을 요약해 보세요.

**개미**

| 여왕개미 | | 일개미 |
|---|---|---|
| 알을 낳는다. | 여왕개미와 짝짓기를 한다. | |

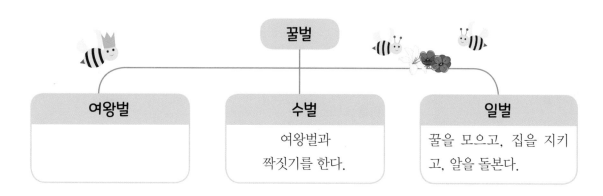

**꿀벌**

| 여왕벌 | 수벌 | 일벌 |
|---|---|---|
| | 여왕벌과 짝짓기를 한다. | 꿀을 모으고, 집을 지키고, 알을 돌본다. |

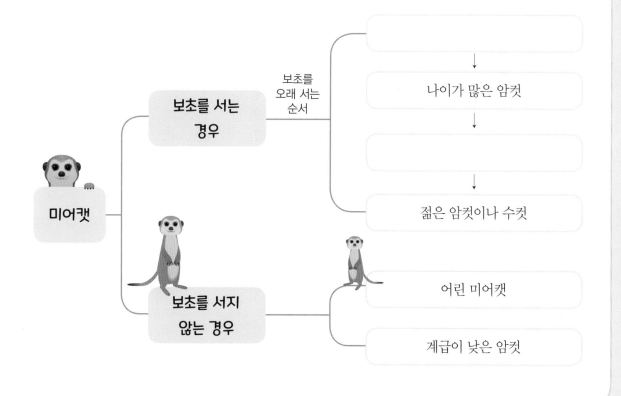

**미어캣**

**보초를 서는 경우** — 보초를 오래 서는 순서 →

↓

나이가 많은 암컷

↓

↓

젊은 암컷이나 수컷

**보초를 서지 않는 경우**

어린 미어캣

계급이 낮은 암컷

**1 인터넷 게시판을 읽고 댓글 쓰기**

# 우리 조상들의 여름나기

승재는 인터넷 게시판에서 '우리 조상들의 여름나기' 온라인 전시회를 관람했어요.
온라인 전시회가 끝나고 나니 깜짝 퀴즈가 나왔어요.
온라인 전시회에서 본 내용을 바탕으로 깜짝 퀴즈를 맞추어 보세요.

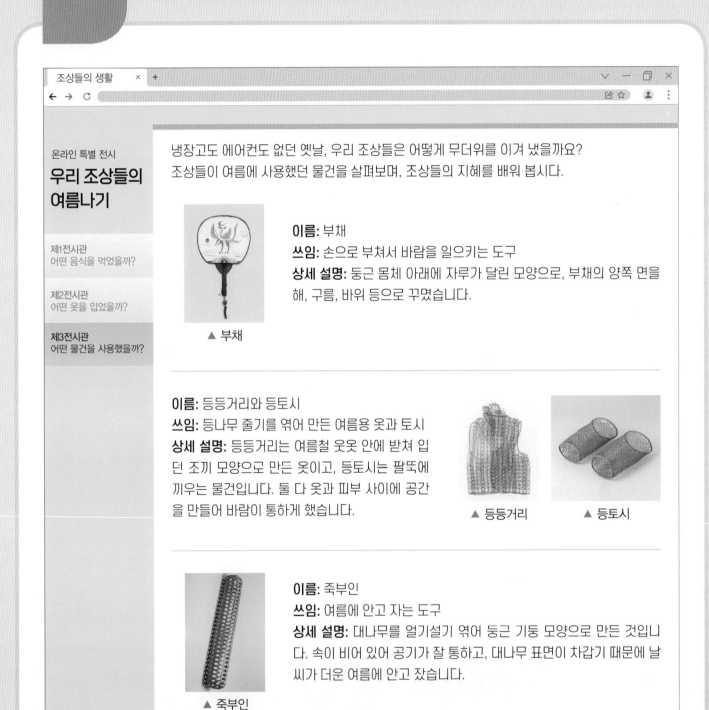

조상들의 생활 × +

온라인 특별 전시
**우리 조상들의
여름나기**

제1전시관
어떤 음식을 먹었을까?

제2전시관
어떤 옷을 입었을까?

**제3전시관
어떤 물건을 사용했을까?**

냉장고도 에어컨도 없던 옛날, 우리 조상들은 어떻게 무더위를 이겨 냈을까요?
조상들이 여름에 사용했던 물건을 살펴보며, 조상들의 지혜를 배워 봅시다.

**이름:** 부채
**쓰임:** 손으로 부쳐서 바람을 일으키는 도구
**상세 설명:** 둥근 몸체 아래에 자루가 달린 모양으로, 부채의 양쪽 면을
해, 구름, 바위 등으로 꾸몄습니다.

▲ 부채

**이름:** 등등거리와 등토시
**쓰임:** 등나무 줄기를 엮어 만든 여름용 옷과 토시
**상세 설명:** 등등거리는 여름철 웃옷 안에 받쳐 입
던 조끼 모양으로 만든 옷이고, 등토시는 팔뚝에
끼우는 물건입니다. 둘 다 옷과 피부 사이에 공간
을 만들어 바람이 통하게 했습니다.

▲ 등등거리    ▲ 등토시

**이름:** 죽부인
**쓰임:** 여름에 안고 자는 도구
**상세 설명:** 대나무를 얼기설기 엮어 둥근 기둥 모양으로 만든 것입니
다. 속이 비어 있어 공기가 잘 통하고, 대나무 표면이 차갑기 때문에 날
씨가 더운 여름에 안고 잤습니다.

▲ 죽부인

**확인** 이 내용이 담긴 디지털 매체는 인터넷 ㄱ ㅅ ㅍ 이다.

▶ 인터넷 게시판을 읽고 조상들이 여름에 사용했던 물건이 <u>아닌</u> 것을 골라 ○표를 하세요.

 ☐       ☐       ☐

▶ 다음 설명에 알맞은 조상들이 여름에 사용했던 물건을 찾아 쓰세요.

> • 대나무를 얼기설기 엮어 둥근 기둥 모양으로 만든다.
> • 속이 비어 있어 바람이 잘 통하므로 여름철에 안고 잔다.

**활동** 인터넷 게시판의 깜짝 퀴즈입니다. 퀴즈에 알맞은 답을 댓글로 써 보세요.

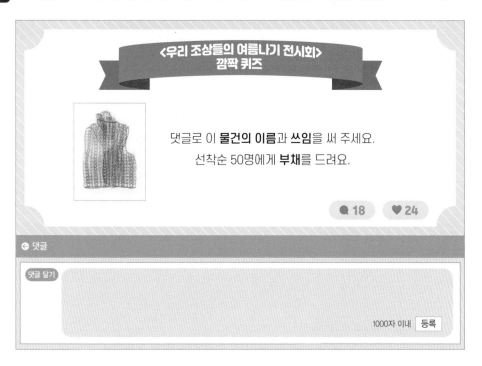

---

**우리 조상들이 여름을
보내는 방법**

• 삼베나 모시같이 바람이 잘 통하는 옷감으로 옷을 만들었다.
• 땀을 많이 흘려 지치기 쉬운 복날에 육개장 같은 몸에 좋은 음식을 먹었다.
• 더울 때는 무더위를 피해 시원한 산속이나 계곡으로 놀러갔다.

**2** 블로그를 읽고 인터넷 게시판에 글 쓰기

# 친환경 세탁 세제 만들기

소현이네 가족은 한 달에 한 번 지구 환경을 지키는 일을 해요. 이번 달에는 친환경 세탁 세제를 만드는 방법을 블로그에 썼어요. 블로그를 읽고, 인터넷 게시판에 친환경 세탁 세제를 알리는 글을 써 보세요.

---

🏠 지구야 사랑해  ×   🏠 친환경 세제  ×  | +                    ∨ — ⬜ ×

← → C                                                          ⌯ ☆  👤 ⋮

내 블로그 | 이웃 블로그 | 블로그 홈  로그인  ▦

**블로그** ▨ |                                                메모 | 안부

**초록별 지킴이**
아이들에게 깨끗한 지구를
선물하고 싶은 가족

---

## 친환경 세탁 세제를 만들어요

🌐 초록별 지킴이  20○○. 11. 26  17:43          URL 복사

오늘은 지구를 위한 22번째 작은 실천으로 친환경 세탁 세제를 만들려고 합니다. 친환경 세탁 세제는 EM(이엠) 용액으로 만듭니다.

### "EM(이엠) 용액은 무엇일까요?"

EM(이엠) 용액은 많은 미생물 중에서 사람에게 가장 유익한 미생물을 조합해서 배양한 용액을 말합니다. 우리 몸에 안전하면서도 환경을 오염시키지 않아 마법의 친환경 용액으로 불립니다.

> *EM(이엠) 친환경 세탁 세제 만들기 재료 (1kg 기준)*
>
> 베이킹 소다 360g   과탄산 소다 360g   구연산 280g   EM 발효액 20g

자, 그럼 만들어 볼까요?

❶ 큰 그릇에 베이킹 소다, 과탄산 소다, 구연산을 넣고 골고루 섞어 줍니다.
❷ EM(이엠) 용액을 발효시킨 EM(이엠) 발효액을 조금씩 부으면서 다시 섞어 줍니다.
❸ 잘 섞은 세제를 종이나 쟁반에 넓게 펴서 말립니다.
❹ 잘 말린 세제를 손으로 비벼서 곱게 만든 뒤 밀폐 용기에 넣어 보관합니다.

만드는 방법은 어렵지 않아요. 조금만 노력하면 우리 몸에도 좋고, 소독이나 살균, 세척 효과가 뛰어나고, 환경에도 도움이 되는 세탁 세제를 직접 만들 수 있답니다.

오늘도 지구를 위한 작은 실천 성공!!

**목록**

---

전체 보기(117)

---

친환경 제품(21)
바른 먹거리(39)
지구를 위한 작은 실천(22)
게시판(35)

---

**확인** 이 내용이 담긴 디지털 매체는 [ㅂ][ㄹ][ㄱ] 이다.

**3**
주차

▶ 블로그를 읽고 EM(이엠) 용액에 대해 알게 된 내용을 골라 ◯표를 하세요.

| EM(이엠) 용액을 활용하여 친환경 세탁 세제를 만들 수 있다. | ☐ |

| EM(이엠) 용액은 미생물로 만들어서 지구 환경을 오염시킨다. | ☐ |

▶ 블로그에서 EM(이엠) 용액으로 만든 친환경 세탁 세제의 좋은 점을 찾아 써 보세요.

_____

**활동** 직접 만든 친환경 세탁 세제를 무료 나눔하려고 해요. 블로그 내용을 바탕으로 인터넷 게시판에 EM(이엠) 친환경 세탁 세제의 좋은 점을 알리는 글을 써 보세요.

◯◯동 모여라!

등록일: 20◯◯.◯◯.◯◯ | 조회: 0

♥ 공감 0 | ∨    💬 댓글 0 | ∧

**EM(이엠) 용액의**
**여러 가지 효능**

· 냄새를 없애는 효과가 뛰어나서 물에 타서 뿌리면 생선 비린내, 신발장 냄새 등이 없어진다.
· 세균을 없애는 효과가 있어 물에 타서 도마나 행주에 뿌리면 세균이 없어진다.

**1** 다음의 매체는 무엇인지 쓰세요.

(                    )

**2** 다음 매체에 대한 설명이 <u>아닌</u> 것은 무엇인가요? (          )

| 장면<br>번호 | 장면 그림 | 대사와 해설 | 배경 음악<br>효과음 |
|---|---|---|---|
| 1 |  | 싸늘한 분위기가 감도는 집. 두 아이가 서로 못마땅한 표정으로 있다.<br><br>엄마: 너희들 학원 안 가니? 그림 대회도 얼마 안 남았잖아.<br>혜림: 앗, 깜박했어요. (방에서 가방을 챙겨 나오며) 빨리 가야겠다. | 불안한<br>느낌의<br>음악 |

① 장면 번호, 대사 등이 나타나 있다.

② 장면 그림이나 해설, 배경 음악 등이 나타나 있다.

③ 필요한 정보를 글이나 사진, 영상으로 얻을 수 있다.

④ 대본의 주요 장면을 글과 그림으로 미리 정리해 놓았다.

⑤ 영화나 드라마 등의 영상을 쉽게 만들기 위해 정리한 것이다.

**3** 인터넷 뉴스의 특징이 <u>아닌</u> 것은 무엇인가요? (          )

① 기사를 올린 전송 시간을 알 수 있다.

② 기사의 내용을 여러 번 수정할 수 있다.

③ 여러 사람에게 글이나 영상으로 정보를 전달할 수 있다.

④ 그림과 인물의 대사로 내용을 효과적으로 전달할 수 있다.

⑤ 댓글을 통해 뉴스 내용에 대한 다른 사람의 의견을 알 수 있다.

**4** 다음 설명에 알맞은 매체에 ○표를 하세요.

> 어떤 대상에 대한 정보를 정확하고 자세한 설명과 함께 사진이나 영상으로 보여 주는 것은
> ( 인터넷 백과사전 , 온라인 대화방 )이다.

**5** 블로그에 대해 알맞게 말한 친구의 이름을 쓰세요.

> 우진: 내용을 장면 그림과 대사, 효과음을 사용하여 나타낼 수 있다.
> 윤지: 글쓴이가 관심 있는 내용으로 하루하루 날짜별로 구성할 수 있다.

**6** 다음과 같은 매체는 무엇인가요? (        )

① 광고
② 스토리보드
③ 온라인 대화방
④ 인터넷 게시판
⑤ 인터넷 백과사전

**7** 다음과 같은 인터넷 게시판의 댓글에 대한 설명으로 알맞지 <u>않은</u> 것은 무엇인가요? (        )

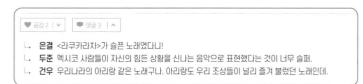

① 여러 사람이 글쓰기에 참여할 수 있다.
② 짧은 글로 자신의 생각을 표현할 수 있다.
③ 인터넷 게시판의 내용을 읽고 쓰는 글이다.
④ 다른 사람의 생각이나 의견을 확인해 볼 수 있다.
⑤ 영화의 주요 장면과 내용을 간단하게 정리해 놓은 것이다.

# 비웃음과 연습

주리는 그 뒤 단 한 번도 강습장에 나타나지 않았어요. 가끔 학교에서 마주칠 때면 연우에게 다가와 이렇게 말하곤 했지요.

"요정 언니, 연습은 잘하냐? 그런다고 네가 요정 언니처럼 되겠냐?"

"너, 이제 뒤로 가는 건 잘하냐? 그건 내가 더 잘했잖아?"

"주연우, 넌 요정 언니 되기는 틀렸어. 요정 언니처럼 예쁘지도 않고 재능도 없잖아?"

연우는 그런 말을 들을 때마다 속상했어요. 일 년 동안 같이 강습장을 다니면서 크게 다툼이 있었던 것도 아니었는데, 요즘 만날 때마다 왜 저러는지 도대체 알 수가 없었어요. 뭐라고 대답하면 당장 싸울 것 같아서 그냥 대답을 안 했는데 주리는 친구들하고 뒤에서 연우 흉을 보았어요. 그러면 연우는 당장이라도 눈물이 나올 것 같았지요.

그래서 연우는 강습장에 가서 연습을 하는 게 더 맘 편했어요. 꾸준히 연습을 해서인지 점점 나아지는 것도 느껴졌지요. 가끔 꿈속에서도 연우는 연습 동작을 하기도 했지요.

오랜 연습 끝에 드디어 승급 시험 대회가 열렸어요. 처음 나가 보는 대회인데다, 승급 시험이라서 더욱 불안하고 떨렸지요. 엄마 아빠도 연우를 응원하러 빙상장에 나오셨지요.

"우리 연우, 오늘 파이팅!"

"연우야, 그동안 정말 노력했으니까 오늘 열심히 하자!"

엄마 아빠가 연우를 응원했어요.

"연우야, 오늘 시험에서 떨지만 않으면 바로 합격할 수 있어."

선생님이 말씀하셨어요.

빙상장 안은 피겨스케이팅 승급 시험 대회를 치르러 온 학생들과 가족들로 북적였어요. 그때 누군가가 연우에게 다가왔어요. 주리였어요!

"어, 주리야, 너도 왔어?"

연우가 반가워했어요. 그런데 주리가 하는 말은 뜻밖이었어요.

"나, 너 응원하러 온 거 아니야. 내 사촌동생도 오늘 시험이라서. 걔가 워~낙 잘하거든. 걔 응원하러 온 거야. 너는 뒤로 가는 거나 잘해라."

괜찮아. ♥

연우 얼굴이 굳어졌어요. 자기는 오랜만에 본 주리가 반가웠는데, 주리는 여전히 못된 말만 하는 것 같았거든요. 갑자기 확 자신이 없어지는 것 같아서, 연우는 가슴이 울렁거렸어요.

멀리서 보고 계시던 선생님이 다가왔어요.

"연우야, 갑자기 왜 얼굴빛이 달라져? 어디 아파?"

"아, 아니에요, 선생님. 주리가 뒤로 가는 거 잘하라고 하니까……, 갑자기 신경 쓰여서 그래요."

선생님 낯빛이 어두워졌어요.

"연우야, 넌 잘 해낼 수 있어. 우리 두 달 동안 뒤로 가는 거 정말 수만 번 연습했잖아. 넌 지금 정말 잘 해낼 수 있단다. 너를 믿고, 선생님을 믿고, 그 동안 연습한 거만 기억해, 알았지?"

선생님이 연우를 꼭 안아 주면서 말씀하셨어요. 연우는 부쩍 힘이 나고, 다시 자신감이 샘솟았어요.

드디어 연우 차례였어요.

연우는 빙상장으로 나갔어요. 가슴이 콩닥콩닥 마구 뛰는 게 느껴졌지요. 심사위원들과 엄마, 아빠, 주리, 그리고 다른 아이들의 엄마, 아빠들의 눈초리가 느껴졌지요. 두근거리는 가슴을 진정시키느라 크게 숨을 내쉬었어요.

'난 잘할 수 있어. 그동안 수도 없이 연습했잖아. 자, 기운 내자. 요정 언니도 해냈듯이, 나도 잘 해낼 거야.'

연우는 마음을 누그러뜨리려고 속으로 계속 되뇌었어요.

연습을 하면서 수도 없이 들었던 음악이 나왔지요. 왠지 마음이 편안해졌어요. 강습장이라고 생각하며 스케이트 날을 세웠어요.

가장 걱정됐던 하프 서클 백 아웃을 실수 없이 해냈어요. 마음이 벅차올랐지요. 연우는 그동안 열심히 갈고닦은 여러 기술들을 실수하지 않고 잘 해냈어요. 아이스 링크를 도는 내내 스마트폰 불빛이 번쩍거리는 것 같았지만, 이젠 아무것도 신경 쓰이지 않았어요. 연우는 연기를 마치고 제자리로 돌아갔어요.

"잘했어, 연우야. 정말 실수 없이 잘했어. 무조건 합격할 거야."

선생님이 연우를 안아 등을 토닥이며 말했어요. 연우도 제대로 해낸 것 같아서 뿌듯했지요. 심사위원들 앞에서 떨지 않고 대회를 치르느라 얼마나 조마조마했는지는 그 누구도 모르는 것 같았어요.

"우리 연우, 정말 잘했다, 정말 잘했어."

엄마가 다가와 꼬옥 안아 주셨어요. 아빠도 다가와 헛기침을 하시더니 연우를 안아 주셨어요.

"우리 연우, 정말 잘했고 고생했어. 아빠도 눈물이 날 것 같았다!"

아빠의 말에 모두 웃음을 터뜨렸어요. 연우는 조금 피곤했지만, 날아갈 것 같은 기분이었어요.

**이어지는 내용은 134쪽에** >>>

연우는 얼굴이 새빨개져서 울고 있었어요.

엄마는 연우를 안아 주며 달랬어요.

"연우아, 괜찮아, 괜찮아. 당장 학교 누리집 게시판에서 내리라고 할게."

"학교 애들이 다 봤잖아요? 저 이제 어떻게 학교 가요?"

– 가치 동화 〈이겨내고, 또 이겨내고〉 중에서 –

# 4
## 주차

**1** 웹툰을 읽고 온라인 대화 하기

# 광고가 너무해

웹툰 〈광고가 너무해〉에서는 두 친구가 버스 안 모니터에서 나오는 광고를 보고 대화를 나누고 있어요. 두 친구가 본 광고는 어떤 내용이었는지 살펴보고 광고 내용의 문제점에 대해 생각해 보세요.

광고 내용을 살펴볼까요?

**확인** 이 내용이 담긴 디지털 매체는 ☐ ☐ 이다.

**4**

**주차**

▶ 친구들이 버스 안에서 본 것은 무엇인지 ○표를 하세요.

| 뉴스 | 광고 | 교통 정보 |

▶ 버스 안에서 본 광고의 내용으로 알맞은 것의 기호를 쓰세요.

> ㉮ 세상에 불가능이란 없다.
> ㉯ 매일 머리를 감는 것은 개인위생에 좋다.
> ㉰ 다난다 샴푸는 씻는 것만으로도 탈모 개선에 효과가 있다.

**활동** 버스 안 광고의 문제점에 대해 온라인 대화방에서 말하고 있습니다. 나의 생각을 써 보세요.

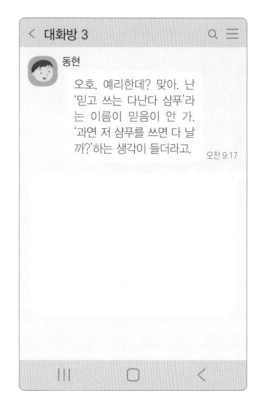

**광고를 읽을 때 살펴보아야 할 점**

• 광고의 내용이 믿을 만한지 살펴본다.
• 광고 내용을 뒷받침할 만한 사실이 무엇인지 살펴본다.
• 과장되거나 감추고 있는 내용이 있는지 살펴본다.

**2** 블로그를 읽고 마인드맵으로 정리하기

# 세계의 음식, 멕시코 타코

맛있는 음식이 있는 곳이면 어디든지 가는 세나네 가족은 멕시코 음식 전문점에 갔어요. 세나는 타코 사진을 SNS에 올리고, 타코에 대한 정보를 찾아보았어요. 블로그를 통해 알게 된 타코에 대한 정보를 마인드맵으로 정리해 보세요.

**확인** 이 내용이 담긴 디지털 매체는 SNS와 ㅂ ㄹ ㄱ 이다.

내 블로그 | 이웃 블로그 | 블로그 홈  로그인

블로그 🔳 |                                                                              메모 | 안부

# 멕시코를 쏙 빼닮은 음식, 타코

 맛떠세  2021. 12. 03  11:43                                           URL 복사

안녕하세요. 오늘 떠날 여행지는 멕시코입니다. 멕시코는 고대 문명과 스페인 문화가 결합돼 타코 외에도 몰레, 엔칠라다, 포솔레, 타말 등 다채로운 먹을거리가 풍부한 나라랍니다. 광대한 국토와 다양한 기후 풍토를 가지고 있어 동식물의 종류가 많고, 이러한 자연 조건에 원주민 문화와 식민지 문화가 융합해 지방에 따라 개성이 풍부한 요리 문화가 생겨났습니다. 그럼, 대표적인 멕시코 전통 음식 타코에 대해 알아볼까요? 자, 맛으로 떠나는 세계 여행 출발~!

### 타코의 유래

타코는 토르티야 속에 고기나 콩, 양상추, 토마토, 치즈 등 좋아하는 재료를 넣어 먹는 멕시코식 샌드위치입니다. 멕시코가 스페인의 식민지가 되기 전부터 있었던 음식으로 짐작하고 있습니다. 타코의 유래는 현재까지 분명하게 밝혀지지는 않았지만, 호수 근처에 살던 원주민들이 작은 물고기를 넣어 만든 것이 타코의 시작이었다고 전해지고 있습니다.

### 타코의 기본 재료 토르티야

멕시코의 빵인 토르티야는 물에 불린 옥수수를 으깬 마사라는 반죽을 얇게 원형으로 늘여 구운 것입니다. 요즘은 밀가루로 만든 것도 많이 사용되고 있습니다. 이 토르티야에 다양한 소스나 재료를 넣어 먹으며, 토르티야를 이용한 요리에는 케사디아, 부리또, 파히타 등이 있습니다.

▲ 부리또           ▲ 케사디아           ▲ 파히타

### 타코에 빠질 수 없는 살사 소스

살사 소스는 토르티야로 만든 요리에 쓰는 매운 맛의 소스입니다.

**토르티야를 이용한 여러 가지 멕시코 음식**
- 케사디아는 넓은 토르티야에 치즈와 채소 등을 넣고 반으로 접어 구워낸 뒤에 부채꼴 모양으로 잘라서 먹는다.
- 파히타는 구운 쇠고기나 치킨을 볶은 양파, 신선한 샐러드와 함께 토르티야에 직접 싸먹는 음식이다.

▶ 세나가 SNS에서 소개한 음식은 무엇인지 ○표를 하세요.

인도 커리            멕시코 타코            일본 타코야끼

▶ 타코에 대한 내용으로 알맞지 <u>않은</u> 것의 기호를 쓰세요.

㉮ 토르티야 속에 고기, 콩, 양상추, 토마토, 치즈 등을 넣어 먹는 음식이다.
㉯ 멕시코가 스페인의 식민지였을 때 스페인 문화의 영향을 많이 받은 음식이라고 한다.
㉰ 호수 지역에 거주하였던 원주민들이 작은 물고기를 넣어 만든 것에서 유래했다고 전해진다.
㉱ 타코의 기본 재료인 토르티야는 물에 불린 옥수수를 으깬 반죽을 얇게 원형으로 늘여 구운 것이다.

▶ 토르티야를 이용한 멕시코 음식이 <u>아닌</u> 것에 ○표를 하세요.

포솔레

부리또

케사디아

파히타

**활동** 블로그 내용을 바탕으로 타코에 대한 정보를 마인드맵으로 정리해 보세요.

### 타코의 재료

토르티야,
고기,
콩,
양상추,
토마토,
치즈 등

### 타코의 유래

### 타코

토르티야 속에 고기나 콩, 양
상추, 토마토, 치즈 등 좋아
하는 재료를 넣어 먹는 멕시
코식 샌드위치를 말한다.

### 타코에 곁들이는 소스

### 토르티야를 이용한 음식

타코,
파히타,
부리또,
케사디아 등

**1** 인터넷 뉴스를 읽고 정리하기

# 화산 곁에 사는 이유

언제 폭발할지 모르는 화산 곁에 사는 인도네시아 사람들.
그들은 왜 그곳에 살고 있는지 인터넷 뉴스를 읽고, 화산 활동이 주는 이로움에 대해
정리해 보세요.

---

NEWS | **과학** | 정치 | 스포츠 | TV 연예 | 날씨     + ✉ ▦

로그인 | 구독하기 | 마이페이지

## 화산섬, 인도네시아, 그곳에 사람들이 사는 이유

기사전송 20○○.11.20. 12:10           댓글 7   공감 22   공유

 강민경 기자

맹렬한 불을 내뿜는 화산. 화산은 사람들에게 두려운 존재이다. 그러나 언제든 터질 수 있는 화산 곁에 사는 사람들이 있다. 바로 인도네시아 사람들이다. 인도네시아는 여러 개의 섬으로 이루진 나라이다. 그중 자바섬은 세계에서 사람이 가장 많이 사는 섬으로, 인도네시아의 수도인 자카르타가 위치해 있다. 자바섬에는 지금도 활동하는 10여 개의 화산이 있어 화산섬으로도 유명한데, 자바섬이 인도네시아의 중심이 될 수 있었던 것도 화산에서 나오는 화산재 때문이라고 한다.

화산재는 화산이 폭발할 때 생기는 지름 2밀리미터 이하의 마그마 조각이다. 화산재에는 칼슘, 인, 철, 유황 등의 식물 성장에 좋은 성분이 있어서 땅속에 스며들면 토양이 비옥하게 된다.
지질 전문가들은 "화산재는 화산이 계속 불을 내뿜고 있는 동안에도 계속 쌓이므로 화산 주변의 땅은 점점 더 농사 짓기에 좋은 땅이 된다."고 말한다.

한편 화산 활동으로 인한 땅속의 높은 열은 온천이나 지열 발전에 활용되기도 한다.
이처럼 인도네시아 사람들은 화산을 '대지의 창조자'로 믿는다고 한다. 화산이 활동할 때는 사람들에게 피해를 주지만, 오랜 시간이 지나면 지구의 자연을 유지하는 데 보탬이 되기 때문이다.

---

**확인** 이 내용이 담긴 디지털 매체는 인터넷 [ㄴ] [ㅅ] 이다.

▶ 인터넷 뉴스의 내용으로 알맞은 것을 골라 ◯표 하세요.

| 화산재는 토양을 비옥하게 한다. | |
| 화산 활동은 사람에게 피해만 준다. | |
| 자바섬의 화산은 더이상 활동하지 않는다. | |

▶ 빈칸에 들어갈 알맞은 말을 쓰세요.

(          )은/는 화산이 폭발할 때 생기는 지름 2밀리미터 이하의 마그마 조각으로, 그 속에는 칼슘, 인, 철, 유황 등이 섞여 있다.

**활동** 인터넷 뉴스를 다시 읽고 화산 활동은 사람들에게 어떤 이로움을 주는지 정리해 보세요.

농사지을 땅을
비옥하게 해 준다.

**화산 활동으로
나오는 물질**

• 액체인 용암이 솟구쳐 오르거나 흐른다.
• 기체인 화산 가스가 나오지만 대부분 수증기이기 때문에 관찰하기는 어렵다.
• 고체인 화산재나 화산 암석 조각 등이 나오며 화산 암석 조각의 크기는 다양하다.

**2** 웹툰을 읽고 인터넷 게시판에 글 쓰기

# 불법 주차 안 돼요

불법 주차란 자동차를 세워 두면 안 되는 곳에 차를 세워 두는 것이에요. 도로에 불법 주차한 차들을 가끔 볼 수가 있어요. 웹툰 〈인도를 점령한 불법 주차〉를 읽고 불법 주차한 차 때문에 불편했던 점을 민원 게시판에 글로 써 보세요.

## 자동차를 세워 두면 안 되는 곳

초등학교나 유치원의 정문으로부터 300미터 이내인 어린이 보호 구역

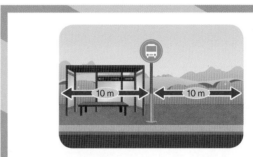

사람들이 버스를 타고 내리는 버스 정류장 표지판을 기준으로 좌우 10미터 이내

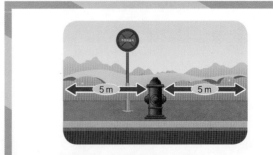

불이 났을 때 긴급하게 써야 하는 소화전을 기준으로 좌우 5미터 이내

**확인** 이 내용이 담긴 디지털 매체는  이다.

▶ 웹툰에서 불법 주차된 차가 있는 곳은 어디인지 ○표를 하세요.

| 학원 앞 차가 다니는 길 | 학원 앞 사람이 다니는 길 |

▶ 차를 세워 두어도 되는 곳의 기호를 쓰세요.

| ㉮ 학교 앞    ㉯ 소화전 앞    ㉰ 버스 정류장 앞    ㉱ 아파트 앞 주차장 |

**활동** 불법 주차 때문에 불편한 점을 민원 게시판에 써 보세요.

| 자유 게시판 |
| 🏠 참여 소통 > 열린 게시판 > 자유 게시판          ↗ 인쇄 |
| |
| |
| |
| |
| |

**주차와 정차는
뭐가 달라요?**

• 주차는 자동차를 일정한 곳에 세워 두는 것으로, 자동차가 승객을 기다리거나 화물을 싣거나 고장의 이유로 정지하여 있는 상태를 가리킨다.
• 정차는 차가 멎음 또는 차를 멈추는 것으로, 자동차가 6분 이상 멈추어 있는 상태를 가리킨다.

**1** 인터넷 백과사전을 읽고 관광 홍보 자료 만들기

# 만리장성

세계에는 다양한 건축물이 있어요.
그중에서 만리장성은 세계에서 가장 크고 튼튼한 건축물이에요. 인터넷 백과사전을
읽고 만리장성 관광 홍보 자료를 만들어 보세요.

---

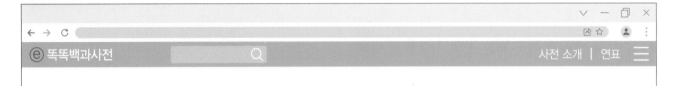

ⓔ 똑똑백과사전 　　　　　Q 　　　　　사전 소개 | 연표 ☰

## 만리장성 중국의 북쪽에 있는 성

| | |
|---|---|
| 지역 | 아시아 > 중국 |
| 유형 | 건축물 |
| 주제 | 유네스코 세계 유산 |
| 위치 | 서쪽 간쑤성의 자위관에서 시작하여 동쪽 허베이성의 산하이관까지 이어짐. |

### 만리장성의 규모

유네스코 세계 유산으로 지정되어 있는 중국 최대의 건축물로, 지도상의 길이는 약 2,700킬로미터이지만 직선으로 계산한다면 총 5,000~6,000킬로미터나 된다.

원래 춘추전국 시대에 작은 나라들이 다른 나라의 침입을 막기 위해 각각 국경을 따라 길게 둘러쌓아 성을 만들었는데, 중국을 최초로 통일한 진나라 때 이것을 연결하여 완성시킨 것이 만리장성의 처음이다.

진나라의 시황제는 북방 민족의 침입에 대비하여 성벽을 연결하여 장성을 쌓기로 하였다. 만리장성 건설은 그 후에도 계속되다가 명나라 때에 이르러 현재의 모습이 완성되었다. 이렇게 만들어진 만리장성은 세계에서 가장 크고 튼튼한 군사 시설물이자 인조 건축물이다.

---

**확인** 이 내용이 담긴 디지털 매체는 ㅇ ㅌ ㄴ 백과사전이다.

## 만리장성의 건설

만리장성을 건설하는 데 시간이 얼마나 걸렸으며 얼마나 많은 사람이 동원되었는지에 대해서는 정확한 자료가 없다. 진나라 시황제의 명령으로 시작된 건설은 1000년이 넘는 기간 동안 계속되었는데, 언제 공사가 끝났는지에 대해서도 정확하게 알려지지 않았다. 전해 내려오는 이야기에 따르면 군사와 백성을 합해 약 30만 명의 사람들이 만리장성 건설에 동원되었고 이곳에서 일생을 마감한 사람이 많았을 정도로 군사와 백성들의 고통은 이루 말할 수 없을 정도였다고 한다.

▲ 1890년대의 만리장성 모습

## 오늘날의 만리장성

현재 중국 정부는 만리장성을 중요한 역사적 문화재로서 보호하고 세계 유산에도 등재시켰다. 만리장성은 세계적인 관광 명소로 이름이 높아졌으나, 지역 주민들이 집의 재료로 사용하거나 관광객에게 판매하기 위해 장성의 벽돌을 갖고 가는 등 파괴가 지속되었다.

또한 댐 공사로 인해 일부가 물에 잠기기도 하였다. 조사에 의하면 만리장성이 안전하게 보전되어 있는 지역은 전체의 20% 이하이고, 50% 이상은 모습이 사라졌다고 한다. 만리장성 중 가장 인기 있는 관광지는 베이징 부근의 팔달령 장성*인데, 이곳은 베이징에서 가깝고 보존이 가장 잘 되어 있다는 장점으로 일 년 내내 관광객이 끊이지 않는다고 한다.

▲ 훼손된 만리장성

▲ 만리장성의 망대*

*장성: 길게 둘러쌓은 성.
*망대: 적이나 주위의 동정을 살피기 위하여 높이 세운 곳.

| 인터넷 백과사전을 활용할 때의 좋은 점은? | • 사진이나 그림, 도표 등 시각적인 자료로 정보를 쉽게 파악할 수 있다. |
| --- | --- |
| | • 항목이 나누어져 있어 긴 글로 읽을 때보다 더 쉽게 이해하고 기억할 수 있다. |
| | • 정보에 대한 다양한 핵심 내용을 다루고 있어 호기심을 해결할 수 있다. |

▶ 인터넷 백과사전을 읽고 어느 나라의 건축물에 대해 알 수 있는지 ○표를 하세요.

| 중국 | 이집트 | 이탈리아 |
|------|--------|----------|

▶ 인터넷 백과사전의 내용으로 알맞은 것의 기호를 쓰세요.

㉮ 만리장성의 규모
㉯ 만리장성을 만든 기술
㉰ 만리장성에 가는 데 드는 비용

▶ 인터넷 백과사전을 활용할 때의 좋은 점을 말한 친구의 이름을 모두 쓰세요.

정인: 정보에 대한 궁금증을 바로 물어볼 수 있어.
우현: 단어의 뜻풀이만 나타나 있어서 간결해서 좋아.
지호: 항목이 나누어져 있어서 긴 글로 읽을 때보다 더 쉽게 이해하고 기억할 수 있어.
미수: 사진이나 그림, 도표 등 시각적인 자료로 정보를 쉽게 파악할 수 있어.

**4 주차**

**활동 1** 인터넷 백과사전을 읽고 관광 홍보 자료를 만들기 위해 키워드를 뽑아 보려고 합니다. 알맞은 것에 모두 ○표를 하세요.

| 팔달령 장성 | 국보 | 베이징 |
| 궁궐 | 만리장성 | 유네스코 세계 유산 |

**활동 2** **활동 1** 에서 뽑은 키워드를 활용하여 만리장성 관광 홍보 자료를 완성해 보세요.

만리장성으로 오세요
중국의 수도 베이징에서 가까워요

만리장성
베이징

유네스코 세계 유산으로
등록되어 있는
중국 최대의 건축물
만리장성

# 3회
생활

## ❷ SNS와 텔레비전 광고를 읽고 온라인 대화 하기

# 그대로 오렌지 주스

SNS와 텔레비전에서 '그대로 오렌지 주스'를 사게 하기 위해 오렌지 주스에 대한 정보를 알리는 광고가 나왔어요. SNS 광고와 텔레비전 광고를 비교해 보고, 온라인 대화방에 '그대로 오렌지 주스' 광고에 대한 생각을 써 보세요.

● SNS 광고

● 텔레비전 광고

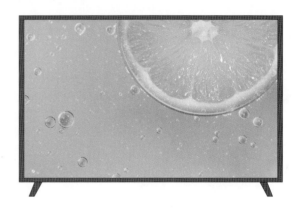

오렌지 ♪~
"그대로" 오렌지 ♬~
싱싱한 오렌지를 "그대로".

싱싱한 오렌지를 "그대로" 한 컵에.
싱싱함을 마셔요.
그대로 오렌지 주스.

확인 이 내용이 담긴 디지털 매체는 SNS와 ☐ ☐ ☐ ☐ 광고이다.

**4 주차**

▶ SNS 광고와 텔레비전의 광고에 대한 알맞은 내용에 ○표를 하세요.

> 광고를 본 사람들이 ( 싱싱한 오렌지 , 그대로 오렌지 주스 )를 사게 하려고 하는 광고이다.

▶ SNS 광고와 텔레비전 광고에 대한 설명으로 알맞은 것의 기호를 모두 쓰세요.

> ㉮ 텔레비전 광고는 제품에 대한 반응을 댓글로 볼 수 있다.
> ㉯ SNS 광고는 SNS로 연결된 사람들에게 정보를 전달할 수 있다.
> ㉰ 텔레비전 광고는 영상뿐 아니라 음악과 자막을 효과적으로 사용할 수 있다.

**활동** 두 광고를 다시 읽고 온라인 대화방에 '그대로 오렌지 주스' 광고에 대한 자신의 생각을 써 보세요.

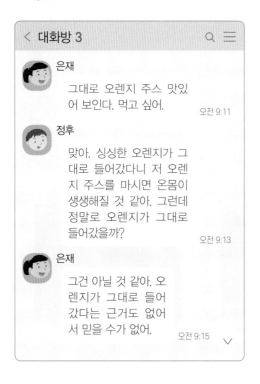

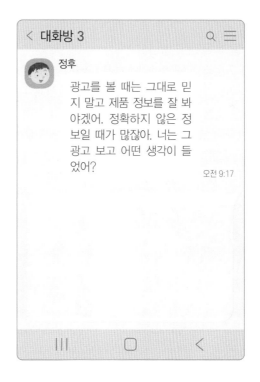

---

**SNS 광고의 특징은?**

• SNS에 연결된 사람들에게만 광고를 하므로 광고할 대상이 분명하다.
• 제품에 대한 정보를 빠르게 전달할 수 있다.
• 제품에 대한 반응을 댓글로 신속하게 볼 수 있다.

## ❶ 인터넷 뉴스를 읽고 SNS에 소개하는 글 쓰기

# 가로수 길을 걸어요

우리 주변에서 흔히 볼 수 있는 가로수에 대한 인터넷 뉴스를 찾아보았어요. 풍경도 아름답고 우리의 건강에도 도움을 주는 가로수에 대해 알아보고, 가로수를 소개하는 글을 SNS에 써 보세요.

| NEWS | **과학** | 정치 | 스포츠 | TV 연예 | 날씨 | + ✉ ⋮⋮⋮ |
|---|---|---|---|---|---|---|

[토토일보 연중 기획]

## 가로수 길을 걸어요

20○○-11-11 11:11:00 | 조회 12

"가로수 그늘~~"로 시작되는 노래를 들어본 적이 있나요? 아름다운 풍경이 그려지는 노래입니다. 이 노래에 등장하는 가로수는 거리의 아름다운 풍경과 국민들의 건강 등을 목적으로 길을 따라 줄지어 심은 나무를 말합니다. 도로변이나 동네 좁은 도로를 따라 많이 심어져 있습니다.

가로수도 역사가 있다는 것을 알고 있나요? 중국의 옛 기록을 보면 기원전 5세기 경에도 길가에 가로수가 심어졌다는 것을 알 수 있지요. 그리고 세계 여러 나라에서도 무화과나무, 버즘나무, 과일나무가 가로수였다는 것을 여러 자료들을 통해 알 수 있다고 합니다.

아무 나무나 다 가로수가 될 수 있는 것은 아닙니다. 가로수는 도시를 아름답게 할 수 있어야 하며, 그늘을 만들 수 있어야 하고, 공기도 맑게 할 수 있어야 합니다. 그래서 차들이 내뿜는 매연이나 나쁜 공기 등을 이겨 내야 하고, 잎이 넓어서 뜨거운 여름에는 시원한 그늘을 만들어야 하며, 추운 겨울에는 잎이 떨어져야 가로수의 자격이 됩니다.

가로수로 심는 나무는 나라에 따라 다양한데 우리나라에서는 왕벚나무, 은행나무, 느티나무, 플라타너스, 메타세콰이어 등을 많이 심습니다. 캐나다에는 나라를 상징하는 나무인 단풍나무가 많으며, 뉴질랜드 등 해변이 많은 나라에서는 야자나무가 많습니다. 각 지역의 날씨에 따라 여러 가지의 가로수를 볼 수가 있습니다.

▲ 플라타너스(프랑스)　　▲ 야자나무(크로아티아)　　▲ 단풍나무(캐나다)

김무도 기사 +구독

**확인** 이 내용이 담긴 디지털 매체는 [ㅇ][ㅌ][ㄴ][ㄴ][ㅅ] 이다.

▶ 인터넷 뉴스의 주제는 무엇인지 알맞은 것에 ◯표를 하세요.

| 가로수 | 가로등 | 보호수 |
| --- | --- | --- |

▶ 인터넷 뉴스의 내용으로 알맞은 것을 모두 골라 기호를 쓰세요.

> ㉮ 가로수란 집을 아름답게 꾸미기 위해 심는 나무를 말한다.
> ㉯ 세계 여러 나라의 가로수는 다양한데, 지역의 날씨에 따라 다르다.
> ㉰ 중국의 옛 기록을 보면 오래전부터 가로수가 심어졌다는 것을 알 수 있다.
> ㉱ 가로수는 도시를 아름답게 하고, 그늘을 만들어 주며, 공기도 맑게 해 주는 나무여야 한다.

**활동** 가로수의 의미를 떠올려 보고, 가로수를 SNS에 소개해 보려고 합니다. 제시된 SNS를 참고하여 소개하는 글을 써 보세요.

kin.star_77
오늘 인터넷 뉴스를 보고 나서 가로수를 보니 의미를 다시 떠올려 보게 되었어. 우리 동네에는 벚꽃길이 있는데 4월이 되면 하얀 벚꽃이 활짝 피어서 환상적이 돼. 동네에 이런 가로수가 있어서 마음도 편안해지는 거 같아.

#벚꽃길 #4월 #진해 #봄

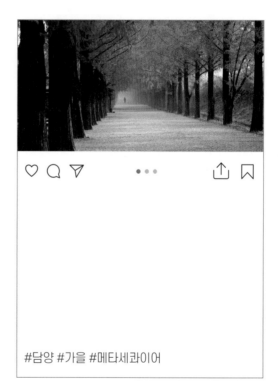

#담양 #가을 #메타세콰이어

**가로수가 안 좋은 점도 있대요**

- 은행나무의 경우 암나무에서 열리는 열매에서 나는 고약한 냄새로 주민들이 불편한 점이 있어서 열매가 열리지 않는 수나무로 교체를 많이 하고 있다.
- 가로수로 인해 상가의 간판이 가려지거나 담장과 보도 블럭에 균열이 생기는 등의 불편함이 생기는 곳도 있다.

**2 온라인 대화를 읽고 마인드맵으로 정리하기**

# 과학 수사대가 궁금해요

준호 아버지는 경찰관이에요. 그중에서도 과학 수사를 하는 과학 수사대랍니다. 과학 수사대가 꿈인 준호 친구 민재와 현서가 준호 아버지와 온라인 대화를 하기로 했어요. 준호 아버지의 이야기를 읽고 과학 수사대에 알아보고 내용을 정리해 보세요.

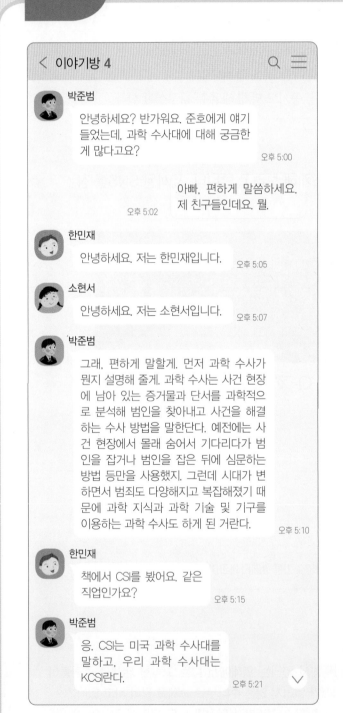

< 이야기방 4

**박준범**
안녕하세요? 반가워요. 준호에게 얘기 들었는데, 과학 수사대에 대해 궁금한 게 많다고요?
오후 5:00

아빠, 편하게 말씀하세요. 제 친구들인데요, 뭘.
오후 5:02

**한민재**
안녕하세요. 저는 한민재입니다.
오후 5:05

**소현서**
안녕하세요. 저는 소현서입니다.
오후 5:07

**박준범**
그래, 편하게 말할게. 먼저 과학 수사가 뭔지 설명해 줄게. 과학 수사는 사건 현장에 남아 있는 증거물과 단서를 과학적으로 분석해 범인을 찾아내고 사건을 해결하는 수사 방법을 말한단다. 예전에는 사건 현장에서 몰래 숨어서 기다리다가 범인을 잡거나 범인을 잡은 뒤에 심문하는 방법 등만을 사용했지. 그런데 시대가 변하면서 범죄도 다양해지고 복잡해졌기 때문에 과학 지식과 과학 기술 및 기구를 이용하는 과학 수사도 하게 된 거란다.
오후 5:10

**한민재**
책에서 CSI를 봤어요. 같은 직업인가요?
오후 5:15

**박준범**
응. CSI는 미국 과학 수사대를 말하고, 우리 과학 수사대는 KCSI란다.
오후 5:21

## 잠복과 심문

• 잠복: 드러나지 않게 숨어서 범인을 찾는 것.
• 심문: 범인을 잡은 뒤에 심하게 따져서 묻는 것.

## 과학 수사

범죄를 수사할 때 여러 과학적 학문 뿐만 아니라 심리학·사회학 등의 지식이나 기술을 사용하여 합리적으로 수사하는 방법을 말한다.

### 우리나라의 과학 수사 기관

#### 국립과학수사연구원

범죄가 발생했을 때 증거물을 바탕으로 과학적으로 수사하는 곳이다. 이 곳에서 일하는 사람은 수사를 할 때 NFS가 적혀 있는 조끼를 입으며, 직업은 연구원이다.

#### 과학 수사대

범죄가 발생했을 때 현장에서 여러 가지 증거물을 과학적으로 수사하는 곳이다. 이곳에서 일하는 사람은 수사를 할 때 KCSI가 적혀 있는 조끼를 입으며, 직업은 경찰이다.

**확인** 이 내용이 담긴 디지털 매체는 온라인 ⬚ ⬚ ⬚ 이다.

**4**
주차

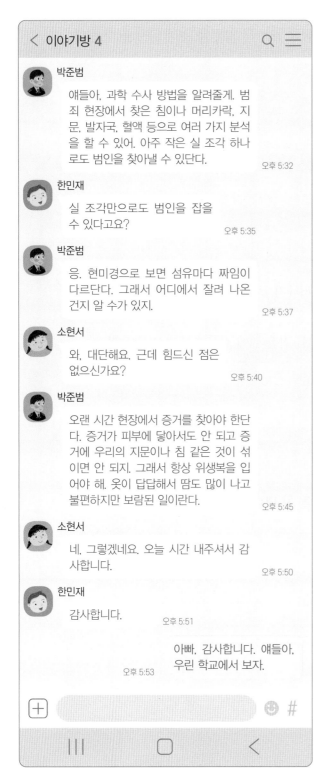

| 이야기방 4 | Q ≡ |

**박준범**
애들아, 과학 수사 방법을 알려줄게. 범죄 현장에서 찾은 침이나 머리카락, 지문, 발자국, 혈액 등으로 여러 가지 분석을 할 수 있어. 아주 작은 실 조각 하나로도 범인을 찾아낼 수 있단다.
오후 5:32

**한민재**
실 조각만으로도 범인을 잡을 수 있다고요?
오후 5:35

**박준범**
응. 현미경으로 보면 섬유마다 짜임이 다르단다. 그래서 어디에서 잘려 나온 건지 알 수가 있지.
오후 5:37

**소현서**
와, 대단해요. 근데 힘드신 점은 없으신가요?
오후 5:40

**박준범**
오랜 시간 현장에서 증거를 찾아야 한단다. 증거가 피부에 닿아서도 안 되고 증거에 우리의 지문이나 침 같은 것이 섞이면 안 되지. 그래서 항상 위생복을 입어야 해. 옷이 답답해서 땀도 많이 나고 불편하지만 보람된 일이란다.
오후 5:45

**소현서**
네, 그렇겠네요. 오늘 시간 내주셔서 감사합니다.
오후 5:50

**한민재**
감사합니다.
오후 5:51

아빠, 감사합니다. 얘들아, 우린 학교에서 보자.
오후 5:53

## 과학 수사대에서 하는 과학 수사 방법

### 지문 분석

현장에서 채취한 지문을 바탕으로 범인을 찾아내는 방법. 지문은 사람마다 모두 다르다는 특성을 이용하여 찾아낼 수 있다.

### DNA(유전자) 분석

현장에서 채취한 침이나 머리카락에서 찾은 DNA를 바탕으로 범인을 찾아내는 방법. 지문과 같이 DNA도 사람마다 모두 다르다는 특성을 이용하여 찾아낼 수 있다.

### 족적 분석

범죄 현장에 남긴 신발의 바닥 문양을 분석하여 범인을 찾아내는 방법으로 사진을 찍어 두고 모형을 떠서 분석한다.

### 영상 분석

사진, CCTV, 블랙박스 등의 자료를 분석하여 범인을 찾아내는 방법

CCTV

차량블랙박스

스마트폰

**몽타주 분석이 뭐예요?**

- 몽타주는 여러 사람의 사진에서 얼굴의 각 부분을 따서 따로 합쳐 어떤 사람의 모습을 만든 사진을 말한다.
- 몽타주 분석은 목격자나 피해자가 말한 것을 바탕으로 범인의 모습과 비슷한 눈, 코, 입 등 자료를 합성하여 범인을 찾아내는 방법이다.

▶ 온라인 대화방에서 어떤 직업에 대해 이야기를 나누고 있는지 알맞은 것에 ○표를 하세요.

| 소방관 | 과학 수사대 | 게임 개발자 |

▶ 알맞은 것끼리 선으로 이으세요.

| 심문 | • | • | 드러나지 않게 숨어서 범인을 찾는 것. |
| 잠복 | • | • | 범인을 잡은 뒤에 심하게 따져서 묻는 것. |

▶ 과학 수사에 대한 내용으로 알맞지 <u>않은</u> 것의 기호를 쓰세요.

㉮ 현장에서 드러나지 않게 숨어서 범인을 찾는 방법이다.
㉯ 현장에서 모든 증거물을 수집하고 조사하여 범인을 잡는 수사이다.
㉰ 사건 현장에 남아 있는 증거물과 단서를 과학적으로 분석해 범인을 찾아내고 사건을 해결하는 수사 방법이다.

▶ 다음에서 설명하는 곳은 어디인지 빈칸에 알맞은 말을 고르세요.

범죄가 발생했을 때 현장에서 과학적으로 수사하는 ( 국립 과학 수사 연구원 , 과학 수사대 )에서 일하는 사람은 수사를 할 때 KCSI가 적혀 있는 조끼를 입는다.

**활동** 과학 수사대에서 하는 다양한 과학 수사를 마인드맵으로 정리해 보세요.

 (          ) 분석

- 현장에서 채취한 지문을 바탕으로 범인을 찾아내는 방법이다.
- 지문은 사람마다 모두 다르다.

 (          ) 유전자 분석

- 현장에서 채취한 침이나 머리카락에서 찾은 DNA를 바탕으로 범인을 찾아내는 방법이다.
- 지문과 같이 DNA도 사람마다 모두 다르다.

## 과학 수사

범죄를 수사할 때 여러 과학적 학문뿐만 아니라 심리학·사회학 등의 지식이나 기술을 사용하여 합리적으로 수사하는 방법을 말한다.

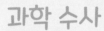 족적 분석

사진, CCTV, 블랙박스 등을 분석하여 범인을 찾아내는 방법이다.

**1** 인터넷 뉴스를 읽고 댓글 쓰기

# 모자이크 프로젝트

다문화란 한 사회 안에 여러 민족이나 여러 국가의 문화가 함께하는 것을 말해요. 캐나다의 다문화 정책인 모자이크 프로젝트에 대한 인터넷 뉴스를 찾았어요. 모자이크 프로젝트가 무엇인지 인터넷 뉴스를 읽고 댓글을 써 보세요.

---

NEWS | HOT뉴스 | 정치 | 스포츠 | TV 연예 | 날씨          + ✉ ⋮⋮⋮

## 모자이크 프로젝트를 아시나요?

2000-04-16  10:00:00 | 조회 12

송희망 기자

모자이크란 여러 가지 빛깔의 돌이나 유리, 금속, 조개껍데기, 타일 등을 조각조각 붙여서 나타내고자 하는 어떤 무늬나 그림 등을 만드는 미술의 한 방법이다. 성당의 스테인드글라스 창을 떠올리면 쉽게 이해할 수 있을 것이다.

160여 개 나라에서 사람들이 살기 위해 온 나라 캐나다. 국민의 35퍼센트는 영국계 백인이고, 26퍼센트는 프랑스계 백인이며, 이민자는 22퍼센트이다. 이렇게 이민자가 모여 모자이크처럼 한 사회를 이루고 있다.

백인이 다른 인종보다 우월하다고 생각한 백인 우월주의가 400여 년간 지속되어 왔던 서양. 하지만 캐나다는 1971년 다문화 정책을 선언하고, 1976년에는 이민법을 바꾸었으며, 1988년에는 다문화주의법을 만들었다. 그리고 2001년에는 이주민과 난민 보호법도 만드는 등의 노력을 하였다. 세계 최초로 다문화에 대한 이해를 바탕으로 다양성을 인정한 것이다.

2005년에는 아이티 난민 출신의 미셸 장이 캐나다 제27대 총리로 선출되기도 하였다. 그녀는 취임 연설에서 "캐나다는 가능성의 나라입니다. 저 자신이 그것을 증명합니다."라는 말을 하였다. 다문화란 한 사회 안에 여러 민족이나 나리의 문화가 함께 있는 것을 말한다. 캐나다는 그것을 몸소 실천하고 있는 나라인 것이다.

캐나다의 다문화주의를 실천한 한 가지 사례가 더 있다. 캐나다 오타와 주의 한 대학교에서 기말고사 시험지 첫 장에 25개 언어로 적힌 문장들 속에 한국어가 있었다. "행운을 빕니다!" 그런데 시험을 보는 120명의 학생들 중 한국인은 단 2명이었다. 소수의 사람이지만 다양함을 인정하고 배려해 주는 이런 모습은 캐나다의 다문화주의가 일상 속에 있다는 것을 보여준 예이다.

---

♥ 공감 5 | ⌄          💬 댓글 3 | ⌃

ㄴ **angel\*\*** | 다문화에 대해 다시 한 번 생각해 보는 내용이네요.

ㄴ **tom\*\*** | 다양성을 인정하는 것은 좋지만, 고유한 것을 잃는 것은 아닌지 모르겠네요.

ㄴ **exuu\*\*** | 캐나다의 다문화주의 실천에서 우리도 배울 게 있는 거 같네요.

---

**확인** 이 내용이 담긴 디지털 매체는 ⟨ㅇ⟩⟨ㅌ⟩⟨ㄴ⟩ 뉴스이다.

**4** 주차

▶ 인터넷 뉴스의 주제는 무엇인지 알맞은 것에 ○표를 하세요.

| 다문화 | 인종 차별 | 세계의 국기 |

▶ 인터넷 뉴스의 내용으로 알맞은 것을 모두 골라 기호를 쓰세요.

> ㉮ 캐나다는 1971년 다문화 정책을 선언하였다.
> ㉯ 모자이크 프로젝트는 프랑스의 다문화 정책이다.
> ㉰ 캐나다는 모자이크처럼 이민자가 모여 한 사회를 이루고 있다.
> ㉱ 2005년 캐나다의 총리로 캐나다 출신의 여성이 선출되었다.
> ㉲ 캐나다 오타와 주 한 대학교의 기말고사 시험지 첫 장에 한글 문장이 쓰여 있었다.

**활동** 인터넷 뉴스를 다시 읽고 댓글을 써 보세요.

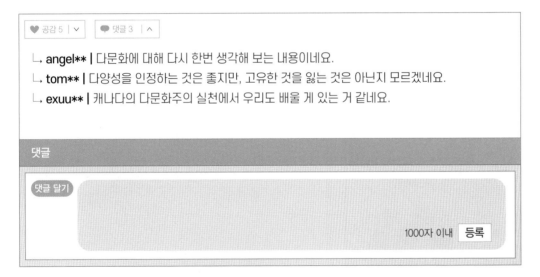

♥ 공감 5 | ∨    💬 댓글 3 | ∧

ㄴ angel** | 다문화에 대해 다시 한번 생각해 보는 내용이네요.
ㄴ tom** | 다양성을 인정하는 것은 좋지만, 고유한 것을 잃는 것은 아닌지 모르겠네요.
ㄴ exuu** | 캐나다의 다문화주의 실천에서 우리도 배울 게 있는 거 같네요.

댓글

댓글 달기

1000자 이내 | 등록

**캐나다의 국기**

• 빨강과 하양 두 가지 색깔은 영국의 국기에서 가져온 색이다.
• 양쪽의 빨강은 대서양과 태평양을 뜻한다.
• 가운데 있는 단풍나무잎은 캐나다의 단풍나무잎으로 캐나다를 상징하여 나타낸 것이다.

**② 웹툰을 읽고 SNS에 글 쓰기**

# 카나페 만들기

보라는 방학 동안 요리에 도전하기로 하고, 영상을 통해 핑거 푸드 중 하나인 카나페 만드는 방법을 배웠어요. 웹툰 내용을 바탕으로 SNS에 올릴 나만의 핑거 푸드 레시피를 써 보세요.

오늘은 카나페를 만들어 볼 거예요.

카나페는 프랑스에서 시작된 음식인데, 손가락으로 집어 한입에 먹을 수 있는 핑거 푸드예요.

바게트와 오이, 양념한 참치, 방울토마토를 준비해요.

만들기도 쉽고, 맛도 좋은 참치 카나페 완성! 이 영상이 마음에 드셨다면 구독과 좋아요 부탁드려요.

## 카나페 만들기

**01**
오이를 납작하게 썬다.

**02**
방울토마토는 반으로 자른다.

**03**
그릇에 기름을 뺀 참치 한 캔에 다진 양파, 마요네즈 3큰술, 설탕 2작은술, 후추를 넣고 섞는다.

**04**
크래커 위에 오이, 양념한 참치, 방울토마토를 순서대로 올린다.

**확인** 이 내용이 담긴 디지털 매체는 □ □ 이다.

▶ 웹툰에서 만든 카나페의 재료에 모두 ○표를 하세요.

| | | | | |
|---|---|---|---|---|
| 크래커 | 방울토마토 | 고추 | 오이 | 고등어 |

▶ 카나페에 대한 설명으로 알맞은 것의 기호를 쓰세요.

> ㉮ 영국에서 시작된 음식이다.
> ㉯ 재료로 참치와 치즈가 반드시 들어가야 한다.
> ㉰ 손가락으로 집어 한입에 먹을 수 있는 핑거 푸드이다.

**활동** 다음은 SNS에서 찾은 핑거 푸드의 한 종류인 브루스케타 레시피입니다. 이를 참고하여 SNS에 올릴 나만의 핑거 푸드 레시피를 써 보세요.

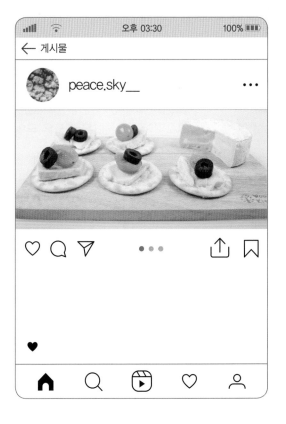

**핑거 푸드란?**

• 핑거는 '손가락', 푸드는 '음식'이라는 뜻으로, 젓가락이나 포크 등을 사용하지 않고 손으로 집어 먹는 음식을 통틀어 이르는 말이다.
• 핑거 푸드의 종류에는 카나페, 브루스케타, 주먹밥, 초밥, 과일꼬치, 월남쌈, 퐁듀 등이 있다.

**1** 다음은 어떤 매체를 읽을 때 주의할 점인가요? (　　　　)

> • 믿을 만한 내용인지 살펴본다.
> • 뒷받침하는 사실이 무엇인지 살펴본다.
> • 과장되거나 감추고 있는 내용이 있는지 살펴본다.

① 광고
② SNS
③ 인터넷 뉴스
④ 인터넷 게시판
⑤ 인터넷 백과사전

**2** 인터넷 뉴스의 특징으로 알맞지 <u>않은</u> 것의 기호를 쓰세요.

> ㉮ 글을 쓴 사람의 이름과 글을 쓴 시간을 알 수 있다.
> ㉯ 개인적으로 관심 있는 주제를 사진을 활용하여 적절하게 구성할 수 있다.
> ㉰ 인터넷을 사용할 수 있는 곳이라면 글쓴이는 쉽게 내용을 수정할 수 있다.

(　　　　　　　　)

**3**  다음 웹툰은 무엇에 대한 내용인가요? (　　　　)

① 자연 재해
② 불법 주차
③ 형제간의 갈등
④ 반려 동물 키우기
⑤ 여러 나라의 인사말

**4** 다음은 어떤 매체를 활용할 때의 좋은 점인가요? (　　　　)

> • 사진이나 그림, 도표 등 시각적인 자료로 정보를 쉽게 파악할 수 있다.
> • 항목이 나누어져 있어서 긴 글로 읽을 때보다 더 쉽게 이해하고 기억할 수 있다.
> • 정보에 대한 다양한 핵심 내용을 다루고 있어 호기심을 해결할 수 있다.

① 블로그
② SNS
③ 인터넷 뉴스
④ 인터넷 게시판
⑤ 인터넷 백과사전

정답과 해설 **62**쪽

**5** 다음을 알맞게 선으로 이으세요.

SNS 광고

텔레비전 광고

**6** 텔레비전 광고의 특징을 두 가지 고르세요. ( )

① 영상을 통해 정보를 전달할 수 있다.
② 제품에 대한 반응을 댓글로 볼 수 있다.
③ 음악과 자막을 효과적으로 사용할 수 있다.
④ 제품에 대한 정보를 빠르게 전달할 수 있다.
⑤ 온라인 대화로 연결된 사람들에게 정보를 전달할 수 있다.

**7** 다음 매체를 알맞게 읽은 친구의 이름을 쓰세요.

경주: 현서는 소방관에 대해 궁금해하고 있어.
민서: '이야기방 4'에서 3명이 대화하고 있음을 알 수 있어.
진태: 과학 수사대인 준호 아빠와 대화방에서 이야기를 하고 있어.

( )

# 학교 누리집 게시판의 웃음거리

집으로 돌아가 잠을 자던 연우는 요란한 벨 소리에 깼어요.

"주연우! 자고 있어? 얼른 정신 차리고 일어나. 지금 난리 났어."

반 친구 현서였어요.

"무슨 소리야? 뭐가 난리 나?"

"으이그, 지금 얼른 학교 누리집 게시판 봐 봐, 얼른."

현서는 그 말만 하고는 재빨리 전화를 끊었어요. 연우는 여전히 멍한 얼굴로 학교 누리집의 자유 게시판을 클릭했어요.

"으악! 이게 뭐야!"

연우가 비명을 질렀어요. 비명 소리에 놀란 엄마가 방으로 뛰어들어 왔어요.

"연우야, 왜 그래? 어디 아파?"

연우가 손에 들었던 스마트폰을 힘없이 떨어뜨렸어요. 엄마가 얼른 스마트폰을 집어 들어 화면을 보았어요.

"아니, 얘네들을 당장!"

엄마가 화가 나서 소리를 질렀어요.

연우가 피겨스케이팅을 타는 모습의 사진에는 〈난 넘어지는 걸 잘해요〉라는 제목과 "나 누구게?"라는 질문이 달려 있었지요. 그 밑에 달린 댓글들은 더 못마땅한 것이었어요.

Y 얜 왜 넘어져 있어?

차차 어휴, 보기 싫어. 누가 올린 거야?

이 얘, 4학년 2반 주연우임. ㅋㅋ

min 이거 안 본 눈 삽니다. 누규? 얼른 내려.

준서 넘어지는 건 정말 잘하네. ㅋ

채 열심히 하다가 넘어진 거잖아, 왜 욕 하니?

엄마는 더 이상 읽지 못했어요. 곳곳에 선플도 있었지만 악플이 거의 대부분이었기 때문이에요. 연우는 얼굴이 새빨개져서 울고 있었어요. 엄마는 연우를 안아 주며 달랬어요.

"연우야, 괜찮아, 괜찮아. 당장 학교 누리집 게시판에서 지우라고 할게."

"학교 애들이 다 봤잖아요? 저 이제 어떻게 학교 가요?"

연우는 계속 훌쩍거렸어요. 엄마는 한숨을 쉬었지요. 엄마는 연우 담임 선생님에게 이 사실을 알렸어요. 사진과 댓글들이 학교 누리집 게시판에서 사라진 건 그로부터 몇 시간 뒤였어요.

"도대체 누가 이런 일을 한 거야?"

엄마가 화가 나서 씩씩거렸지요. 연우는 누군지 알 것 같았어요. 아까 빙상장에서 만난 연주리! 틀림없었어요!

"쟤지, 쟤? 킁킁킁."

"넘어지기 선수! 좀 뒤돌아 봐. 얼굴 좀 보게!"

다음 날, 학교에 간 연우는 결국 조퇴를 했어요. 뒤에서 수군대는 소리가 계속 들려서 너무 힘들었기 때문이에요. 집에 돌아온 연우는 앓아누웠어요.

며칠 뒤, 연우는 얼굴이 핼쑥해진 모습으로 강습장에 나타났어요.

선생님이 반갑게 맞아주셨어요. 연습이 모두 끝난 뒤 선생님이 연우에게 물을 건네주었어요.

"연우야, 오랜만에 연습하니까 힘들었지?"

"아니에요, 괜찮아요."

선생님은 연우의 힘없는 얼굴을 찬찬히 살피셨어요.

"우리 연우, 그동안 힘들었지? 어머니께 무슨 일이 있었는지 다 들었어. 네가 부끄러워할 건 하나도 없단다. 정말 부끄러워해야 할 사람들은 학교 누리집 게시판에 네 사진을 올린 친구나 그걸 보고 이러쿵저러쿵 나쁜 말을 한 애들이란다."

연우는 그 말을 듣고 왠지 슬펐어요.

"선생님, 저도 그 애들과 다를 게 없었어요. 지금 생각하니 학교 누리집 게시판에 올려진 사진을 보고 그냥 나오는 대로 아무 말이나 했던 게 부끄러워요. 그 아이 상황도 제대로 모르면서요."

"그래그래. 네가 그런 걸 느꼈으면 됐어. 사람들은 자기가 누군지 모를 거라고 생각하고 아무렇게나 나쁜 말, 심한 말, 욕을 해대곤 하지. 그런 나쁜 댓글을 보고 가슴 아파하거나 심하면 죽는 사람도 있다는 걸 생각 못하고 말이야. 그 같은 나쁜 댓글들은 좀 사라져야 한다고 생각한단다."

연우는 아무 말 없이 고개를 끄덕였어요. 며칠이고 마음이 참 아팠고, 그게 금세 낫지는 않겠지만 좀 지나면 기억이 안 나는 때도 오겠지요?

이번 일로 학교 누리집 게시판에는 아무도 댓글을 쓸 수 없게 되었어요. 연우는 교장 선생님께서 어제 조회 시간에 하신 말씀이 떠올랐어요. 남의 마음을 아프게 하는 댓글을 쓴 학생들에게 실망스러웠고, 그동안 자유롭게 쓸 수 있었던 학교 누리집 게시판에 더 이상 댓글을 쓸 수 없게 됐다는 얘기를 하셨지요. 그 누구도 다른 사람의 마음을 아프게 하면 안 된다고요. 연우는 앞으로 이런 일이 다시는 일어나지 않았으면 좋겠다는 생각을 하며, 이제부터는 마음을 더 굳게 먹기로 다짐했어요.

## 사랑해, 우리말

### 웹툰 내용

파니와 비니가 햄버거를 사러 가서 키오스크로 주문을 하고 있어요.

### 외국어를 우리말로 바꾸어요

- 패스트푸드 → 즉석 식품, 즉석 음식
- 키오스크 → 무인 단말기
- 테이크아웃 → 포장 판매

### 디지털 매체 활용 정보

외국어를 우리말로 바꾸어 사용하고 싶을 때는 인터넷 국어사전을 활용하여 정확한 의미와 예시, 알맞은 우리말을 찾을 수 있다.

### 웹툰 내용

혜준이는 이천 도자기 축제에 가서 도자기 만들기 체험을 했어요. 또 한 컷 광고 만들기 대회에도 응모해 보려고 해요.

### 이천 도자기 축제

이천은 예로부터 쌀과 도자기로 유명한 곳이에요. 이천 도자기 축제에서는 도자기 만들기 체험을 할 수 있어요.

### 디지털 매체 활용 정보

지역 축제에 대한 전문적인 정보를 찾고 싶을 때는 인터넷 백과사전이나 인터넷 누리집을 활용하고, 경험을 바탕으로 한 정보를 찾고 싶을 때는 인터넷 게시판, 온라인 대화방이나 SNS를 활용할 수 있다.

## 여러 나라의 인사말

미국 친구

케냐 친구

**웹툰 내용**

세계 잼버리 대회에서 만난 여러 나라 친구들이 자기 나라 인사말로 인사하고 있어요.

**여러 나라의 인사말**

미국에서는 '하이'라고 인사를 하고, 케냐에서는 '잠보'라고 인사를 해요.

**디지털 매체 활용 정보**

세계 여러 나라의 인사말이나 인사 방법에 대한 전문적인 정보를 찾고 싶을 때는 인터넷 백과사전을 활용하고, 경험을 바탕으로 한 정보를 찾고 싶을 때는 인터넷 게시판이나 온라인 대화방을 활용할 수 있다.

## 햄스터를 키워요

### 웹툰 내용

반려동물로 키울 햄스터를 보러 갔어요. 햄스터는 작고 귀여웠지만 아빠는 햄스터를 키우는 방법이 까다롭다고 했어요.

### 반려 햄스터를 키우는 방법

반려 햄스터는 작고 귀엽지만 키우기가 까다로워요.

### 디지털 매체 활용 정보

........................................

반려 햄스터를 키우는 방법에 대한 전문적인 정보를 찾고 싶을 때는 인터넷 백과사전을 활용하고, 경험을 바탕으로 한 정보를 찾고 싶을 때는 인터넷 게시판이나 온라인 대화방, SNS를 활용할 수 있다.

광고가 너무해

저 샴푸 쓰면 정말 머리가 날까?

글쎄, 광고 내용을 잘 살펴봐야 하지 않을까?

### 웹툰 내용

두 친구가 버스 안 광고에서 탈모약 광고를 보고 광고 내용을 믿을 수 있을지에 대해 이 야기하고 있어요.

### 광고를 볼 때 주의할 점

광고를 볼 때는 광고 내용에서 과장되거나 감 추고 있는 내용이 없는지 꼭 확인해야 해요.

### 디지털 매체 활용 정보

광고에 대한 전문적인 정보를 찾고 싶을 때는 인 터넷 백과사전을 활용하고, 경험을 바탕으로 한 정보를 찾고 싶을 때는 인터넷 게시판, 블로그나 온라인 대화방을 활용할 수 있다.

### 웹툰 내용

두 친구가 학원 앞에 불법 주차된 차를 보며 인도를 막고 있는 차에 대해 이야기하고 있어요.

### 교통 규칙

사람이 다니는 인도에 차를 세워 두면 불법 주차예요.

### 디지털 매체 활용 정보

불법 주차에 대한 전문적인 정보를 찾고 싶을 때는 인터넷 백과사전을 활용하고, 경험을 바탕으로 한 정보를 찾고 싶을 때는 인터넷 게시판, 온라인 대화방이나 SNS를 활용할 수 있다.

# 4단계에서 배운 내용 다시 보기

EBS 당신의 문해력

디지털독해가 문해력이다

4단계
초등 4~5학년 권장

정답과 해설

1

주차

정답과 해설

## [왼쪽 면]

### 1회 생활

# 1 온라인 대화를 읽고 잘못 말한 부분 고치기

# 생신 축하해요

오늘은 할머니 생신이에요. 가족과 함께 저녁에 할머니 댁에 가기로 했어요. 지효는 할머니께 드릴 생신 선물도 준비했어요. 온라인 대화방에서 지효가 할머니께 잘못 말한 부분을 알맞게 고쳐 써 보세요.

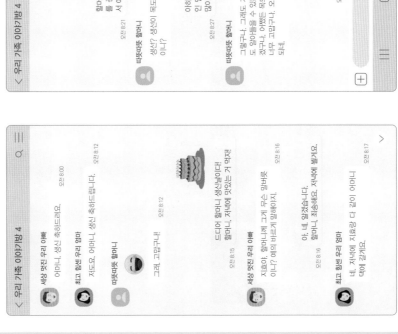

〈 우리 가족 이야기방 4

- 세상 멋진 우리 아빠: 어머니, 생신 축하드려요. 오전 8:00
- 최고 할멤 우리 엄마: 지효도 어머니, 생신 축하드립니다. 오전 8:12
- 따뜻따뜻 할머니: 그래 고맙구나. 오전 8:12

드디어 할머니 생신날이다! 할머니, 저녁에 맛있는 거 먹자! 오전 8:15

- 세상 멋진 우리 아빠: 지효야, 할머니께 그게 무슨 말버릇이니? 예의 바르게 말해야지. 오전 8:16

아, 알겠습니다. 오전 8:16
네, 할머니, 죄송해요, 저녁에 뵐게요. 오전 8:17

- 최고 할멤 우리 엄마: 네, 저녁에 지효랑 다 같이 어머니 댁에 갈게요. 오전 8:17

〈 우리 가족 이야기방 4

- 따뜻따뜻 할머니: 할머니 생선으로 따뜻한 목도리를 준비했어요. 오전 8:21

생신? 생선이 목도리라니 무슨 말이니? 오전 8:25

- 따뜻따뜻 할머니: 아하하하, 생선은 '생신' 선물을 줄인 말이에요. 우리 또래는 그렇게 많이 써요. 오전 8:27

그렇구나. 그래도 가능하면 할머니도 알아들을 수 있는 말로 하면 좋겠다. 아 맞다, 앗 생신 선물이라니 너무 고맙구나. 오늘 저녁이 기대되네. 오전 8:29
오전 8:30

확인 이 내용이 담긴 디지털 매체는 온라인 대 화 방 이다.

## [오른쪽 면]

▲ 온라인 대화 내용으로 알맞은 것에 ○표를 하세요.

( 지효의 생일 / (할머니의 생신) )을 축하하는 내용이 온라인 대화이다.

해설 지효네 가족이 온라인 대화방에서 할머니의 생신을 축하하고 있습니다.

▲ 온라인 대화에서 지효가 고쳐야 할 점으로 알맞은 것이 기호를 모두 쓰세요. [답] ㉯, ㉰

㉮ 다른 사람의 사진을 함부로 보냈다.
㉯ 웃어른께 예의 바르게 말하지 않았다.
㉰ 상대방을 고려하지 않고 줄임말을 사용했다.

해설 지효는 온라인 대화에서 웃어른인 할머니에게 예의 바르게 말하지 않았고, '생선'이라는 줄임말을 사용해서 상대방이 대화 내용을 이해하기 어렵게 했습니다.

활동 지효가 할머니께 잘못 말한 부분을 알맞게 고쳐 써 보세요.

오전 8:15 드디어 할머니 생신날이다! 할머니, 저녁에 맛있는 거 먹자!
→ 예 드디어 할머니 생신날이다! 할머니, 저녁에 맛있는 거 먹어요.

오전 8:21 할머니! 생선으로 따뜻한 목도리를 준비했어요.
→ 예 할머니! 생신 선물로 따뜻한 목도리를 준비했어요.

해설 웃어른께는 높임말로 '먹어요'로 고치고, 줄임말인 '생선'은 보람이 '생신 선물'로 고칩니다.

웃어른과 온라인 대화는?

- 대화 주제에 알맞은 내용을 말한다.
- 실제 대화할 때처럼 예의 바르게 높임말을 사용한다.
- 상대인 웃어른을 고려하여 줄임말이나 유행어를 사용하지 않는다.

## 1회 과학

### 2 인터넷 백과사전을 읽고 SNS에 올릴 광고 만들기

# 감자 vs 고구마

인터넷 백과사전에서 감자와 고구마를 검색해 보았어요. 간단한 검색으로 다양한 정보를 쉽게 찾을 수 있어요. 인터넷 백과사전 내용을 바탕으로 SNS에 올릴 고구마를 알리는 광고를 만들어 보세요.

**독똑백과사전**

## 감자 가짓과의 여러해살이풀.

감자는 온대 지방에서 자라는 여러해살이풀로, 우리나라에는 1800년대에 전해졌다. 땅속의 줄기 마디에서 나온 줄기의 끝이 커진 부분이 우리가 먹는 감자이다. 6월쯤에 자주색이나 흰색의 꽃이 피고, 꽃이 지고 나면 그 자리에 토마토와 비슷한 모양의 열매가 열린다. 감자는 세계 4대 농작물로 삶거나 구워서 삶기도 하는 등 음식의 재료로 다양하게 이용되고, 술의 재료로 사용되기도 한다. 감자에 들어 있는 비타민은 피부를 좋게 하고, 감자의 대부분인 탄수화물에는 우리 몸을 건강하게 만드는 성분이 포함되어 있다.

**독똑백과사전**

## 고구마 메꽃과의 여러해살이풀

고구마는 우리나라 전 지역에서 자라는 여러해살이풀이다. 줄기가 땅 위에서 길게 뻗으면서 자란다. 줄기에서 땅속으로 내려간 뿌리의 끝이 커지면 고구마가 된다. 7~8월에 나팔꽃과 비슷한 모양의 꽃이 피고, 둥근 모양의 열매가 열린다. 고구마는 감자와 함께 옛날부터 가난한 사람들의 배고픔을 해결해 주었던 구황 작물이고, 맛이 달콤해서 간식으로 많이 이용된다. 비타민, 칼륨 등 영양소가 많이 들어 있어 건강에 좋고 특히 식이섬유가 많아서 다이어트에 도움이 된다.

**확인** 이 내용이 담긴 디지털 매체는 인터넷 [백] [과] [사] [전] 이다.

---

정답과 해설 4쪽

**1** 인터넷 백과사전에서 찾은 감자와 고구마에 대한 설명을 선으로 이으세요.

감자 ——— 줄기의 끝이 커져서 만들어진다.

고구마 ——— 뿌리의 끝이 커져서 만들어진다.

**해설** 감자는 줄기의 끝이 커진 부분이고, 고구마는 뿌리의 끝이 커진 부분이랍니다.

**2** 인터넷 백과사전을 이용하면 좋은 점을 골라 ○표를 하세요.

대상과 관련된 사진이나 영상 등의 정보를 얻을 수 있다.

목소리, 표정, 몸짓 등을 통해 다양한 정보를 얻을 수 있다.

**해설** 인터넷 백과사전은 대상에 대한 설명뿐 아니라 사진이나 영상 등의 정보를 쉽게 찾을 수 있습니다.

**활동** 인터넷 백과사전에서 찾은 고구마의 특징을 바탕으로 고구마 판매 광고를 만들어 SNS에 올리려고 합니다. SNS에 올리는 감자 판매 광고를 참고하여 광고를 만들어 보세요.

Proo_ta_too

감자 판매합니다. 삶거나 구워서 먹을 수 있는 햇감자가 있어요.
#포동포동감자 #세계4대농작물 #피부미용에
#위건강

258 Likes

sweet_lii

예) 달달고구마 판매 시작!
영양소가 많아 건강에 좋고, 식이
섬유가 많아 다이어트에도 좋아요.
#달달고구마 #달콤하구마 #몸매중구마

0 Likes

**해설** 고구마의 특징을 간략하게 정리하여 광고 문구로 만들어 봅니다.

**감자와 고구마는 형제?**

아니다. 감자와 고구마는 생김새가 비슷할 뿐 다른 종류의 식물이다. 감자는 줄기의 일부분이 커진 덩이줄기이고, 고구마는 뿌리 중 일부분이 커진 덩이뿌리이다. 또 감자는 전분이 많아서 소화가 잘 되지만 고구마는 섬유질이 많아서 소화가 잘 안 되는 정도 차이점이다.

## 1 주차

정답과 해설 5쪽

**1** 웹툰에서 비니와 파니가 간 장소로 알맞은 것에 ○표를 하세요.

▲ 학교 / (음식점) / 백화점

해설 웹툰에서 비니와 파니는 즉석 식품인 햄버거를 파는 음식점에 있습니다.

**2** 외국어를 우리말로 알맞게 바꾼 것을 선으로 이으세요.

▲
패스트푸드 ─── 무인 단말기
키오스크 ─── 즉석 식품

해설 '패스트푸드'는 '즉석 식품'이나 '즉석 음식'으로, '키오스크'는 '무인 단말기'로 바꿀 수 있습니다.

**활동** 파니가 한 말 중 외국어 '테이크아웃'을 알맞은 우리말로 바꾸어 써 보세요.

바꾸기 전: 비니야, 사람도 많은데 우리 테이크아웃해서 나가자.

바꾼 후: 에 비니야, 사람도 많은데 우리 포장 구매 해서 나가자.

해설 외국어 '테이크아웃'은 '포장 구매'로 바꿀 수 있습니다.

### 웹툰이란?

- 인터넷을 뜻하는 웹(web)과 만화를 뜻하는 카툰(cartoon)을 합한 말이다.
- 글자와 그림으로 이야기가 구성된다.
- 인터넷을 통해 여러 화면을 올려 놓고, 볼 수 있다.
- 인터넷을 사용할 수 있는 곳에서 언제 어디서든 볼 수 있다.

---

## 2회 문화

# 사랑해, 우리말

**1** 웹툰을 읽고 외국어를 우리말로 바꾸기

비니와 파니가 햄버거를 파는 음식점에 갔어요. 음식을 주문하며 비니와 파니가 외국어를 많이 사용하네요. 웹툰 <사랑해, 우리말>을 다시 읽고 비니와 파니의 대화 속에 나온 외국어를 우리말로 바꾸어 보세요.

사랑해, 우리말 <음식점에서>

버거왕

확인 이 내용이 담긴 디지털 매체는 웹 문 이다.

**웹툰에 어떤 외국어를 사용했는지 살펴볼까요?**

**패스트푸드**
- 뜻: 주문하면 즉시 완성되어 나오는 식품.
- 우리말: 즉석 식품, 즉석 음식

**키오스크**
- 뜻: 공공 장소 등에 설치하는 무인 정보 단말기.
- 우리말: 무인 단말기

**테이크아웃**
- 뜻: 식당에서 음식을 먹지 않고 포장해 가는 것.
- 우리말: ?

# 2회 사회

## 2 인터넷 게시판을 읽고 댓글 쓰기

# 쓰레기를 줄여요

성규는 쓰레기로 가득 찬 쓰레기통을 보고 깜짝 놀랐어요. 쓰레기가 너무 많다는 생각이 들었거든요. 쓰레기가 너무 많아지면 환경을 오염할 수밖에 없어요. 인터넷 학급 게시판에 올라온 글을 읽고 나의 생각을 댓글로 써 보세요.

⌂ 우리들의 이야기 > 4학년 1반 > 자유 게시판

**쓰레기를 줄이기 위해 작은 일부터**

작성자: 최성규 | 작성일: 20○○.10.09 10:40 | 조회 4

어제 하굣길에 학교 교문 옆 쓰레기통을 보고 깜짝 놀랐어. 쓰레기가 너무 많아서 넘치는 거야. 요즘은 사람들이 일회용품도 너무 많이 쓰고, 불필요한 물건을 많이 사기도 해서 쓰레기가 너무 많아졌다는 생각이 들지 않을까? 애들아, 우리 같이 쓰레기를 줄이기 위해 아주 작은 일이라도 해 보는 것이 어때?

나는 틈틈이 빨대를 안 쓰기로 했어. 일회용품 사용을 줄이는 건 틈틈이 사용을 줄일 수도 있고, 틈나는 대로 사용을 줄일 수 있어. 혹시 너희들도 쓰레기를 줄이기 위해 하지만 막인가 아직 없다면 함께 생각해 보고 실천해 보는 것은 어떨까?

**확인** 이 내용이 담긴 디지털 매체는 인터넷 [게] [시] [판] 이다.

---

▲ 학급 게시판에서 성규가 친구들에게 말하려는 내용은 무엇인지 골라 ○표를 하세요.

( **쓰레기** , 음료수 )를 줄이기 위해 작은 일부터 실천해 보자.

**해설** 성규는 학급 게시판에 쓰레기를 줄이기 위해 작은 일부터 실천하자는 내용의 글을 썼습니다.

▲ 학급 게시판에 글을 쓸 때 지켜야 할 점의 기호를 모두 쓰세요. 답 ㉯, ㉰

㉮ 말하려는 내용을 부풀려서 과장되게 표현해야 한다.
㉯ 댓글을 쓸 때는 게시판의 글에 알맞은 내용으로 써야 한다.
㉰ 직접 보면서 말하는 것이 아니므로 읽을 사람을 고려하여 예의 바르게 글을 써야 한다.

**해설** 학급 게시판에 글을 쓸 때는 읽을 사람을 고려하여 예의 바르게 써야 하며, 댓글을 쓸 때도 게시판의 글에 알맞은 내용으로 써야 합니다.

**활동** 나라면 쓰레기를 줄이기 위해 어떤 일을 할 수 있을지 댓글을 써 보세요.

👍 좋아요 5 | ∨ 🗨 답글 2 | ∧

ㄴ **진영** 나도 좋아! 난 요즘 급식에서 반찬을 담을 때 먹을 만큼만 먹을 담아서 먹어. 맛있는 음식이 많은 만큼 버려지는 음식을 쓰레기도 너무 만큼을 담아도 돼. 먹을 만큼만 담아서 음식물 쓰레기를 줄이는 것도 좋으요.

ㄴ **한결** 나도 찬성이야. 우리 가족은 냉동 식품을 살 때 들어 있는 아이스 팩을 전용 수거함에 넣고 있어. 수거함에 모아진 아이스 팩은 그것이 필요한 동네 상인들에게 나누어 다시 열린 재사용한대. 나에게 필요 없는 물건이라도 누군가에게는 필요한 물건이잖아. 점점 더 많은 사람들이 이런 노력을 함께 했으면 좋겠어.

📝 댓글 달기

**예** 나는 천으로 만든 가방을 항상 가지고 다녀. 그래서 갑자기 물건을 사서 담아야 할 때에 새 비닐봉지를 사지 않고 이것을 사용하지.

1000자 이내                    등록

**해설** 쓰레기를 줄이기 위해 실천할 수 있는 방법을 씁니다.

### 쓰레기를 줄이는 방법

• 종이컵, 나무젓가락, 종이접시 등 일회용품은 꼭 필요할 때만 사용한다.
• 옷, 장난감 등 나에게 필요 없는 물건은 필요한 사람에게 나누어 준다.
• 인쇄된 종이 뒷면은 연습장이나 메모지 등으로 이용한다.
• 물건을 살 때 재활용이 가능한 제품인지 확인하고 산다.

### 창덕궁

창덕궁은 조선의 임금이 가장 오래 머물 렀던 궁궐이에요. 경복궁의 동쪽에 위치하고 있는데 임진왜란 때 경복궁과 함께 불에 타서 1600년대에 다시 지었어요. 조선 말기에 경복궁이 다시 지어지기 전까지 거의 300년 동안 창덕궁이 조선의 법궁 역할을 했답니다. 창덕궁은 건물이나 정원이 주변의 자연환경과 참 어우러지고 아름다워서 유네스코 세계 유산으로 지정되었어요.

▲ 창덕궁의 인정전

### 창경궁

창경궁은 창덕궁 옆에 있어서 창덕궁과 함께 통칭글로 불렸어요. 성종이 왕실의 웃어른을 모시기 위해 만든 궁궐로, 일제 강점기에는 궁궐의 일부분이 훼손되어서 복원하기도 했어요.

▲ 창경궁의 명정전

### 경희궁

경희궁은 경복궁의 서쪽에 있어서 서궐로 불렀어요. 중요한 궁궐이었지만 많이 훼손되어서 현재는 일부분만이 복원되어 있어요.

### 덕수궁

덕수궁은 임진왜란으로 경복궁이 불탔을 때 당시 임금이었던 선조가 피난을 와서 머물렀던 곳이에요. 처음에는 경운궁이라고 이름 지어졌고, 조선 말기에 고종이 머물면서 덕수궁이라고 불렸어요. 고종이 이곳에서 대한제국을 세운다는 사실을 널리 알리기 위해 이름을

▲ 덕수궁의 중화전

▶ 이웃 블로그
K-herio

▶ 활동 정보
블로그 이웃 32명
글 보내기 0회
글 스크랩 107회

아빠요, 우리나라의 다섯 궁궐, 모두 가 가보고 싶지요?

#조선시대5대궁궐 #경복궁 #창덕궁 #창경궁 #경희궁 #덕수궁

### 블로그의 좋은 점은?

- 개인의 이야기나 관심 있는 내용을 주제별로 쓸 수 있다.
- 사진과 동영상을 사용하여 내용을 효과적으로 쓸 수 있다.
- 사람들과 공감하는 내용을 남길 수 있다.
- 편집이 자유롭다.

---

**1** 블로그 글을 읽고 소개할 내용 정리하기

# 우리나라의 궁궐

우리나라에는 대표적인 다섯 궁궐인 경복궁, 창덕궁, 창경궁, 경희궁, 덕수궁이 있어요. 옛날 임금들이 실었던 우리나라의 궁궐에 대해 정리된 블로그를 읽고 소개하는 내용을 정리해 보세요.

블로그 ▤

공부하는 역사 지킴이
(Moou_sse)
세종대왕을 존경하는 역사 지킴이입니다. 각 시대별로 재미있는 역사 이야기를 정리하고 있어요.

**목록**
전체 보기(25)
선사 시대(2)
삼국 시대(8)
고려 시대(3)
조선 시대(12)
└ 조선 전기
└ 조선 중기
└ 조선 후기

## 우리나라의 궁궐을 소개합니다

공부하는 역사 지킴이   20○○.10.09 17:33
URL 복사

프랑스의 베르사유 궁, 러시아의 크렘린 궁, 중국의 자금성. 이런 궁궐의 이름을 들어 본 적이 있을 거예요. 임금이 생활하는 곳, 바로 궁궐이에요. 우리나라에도 옛날 임금들이 실었던 궁궐이 있답니다.

*우리나라의 궁궐은 현재 개가 남아 있는데
어떤 곳이 있는지 정리해 보아요.*

### 경복궁

경복궁은 조선을 세운 태조가 수도를 한양으로 정하면서 지은 조선의 대표 궁궐이에요. 나라를 대표하는 법궁이지요. 한양의 중심에 위치하고 있어서 산이, 앞에는 나라의 여러 업무를 보는 관청이 있었요. 경복궁라는 이름은 '하늘이 내린 큰복'이라는 뜻이라고 해요. 정말 멋진 이름이지요? 하지만 경복궁은 1592년 임진왜란 때 건물이 다 타버렸어요. 그러다 조선 말기에 다시 지었답니다. 경복궁은 여러 개의 건물로 이루어져 있는데 다음과 같아요.

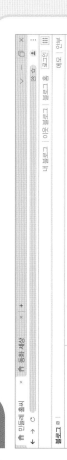
▲ 경복궁의 경회루

| | |
|---|---|
| 근정전 | 임금이 즉위식이나 큰 행사를 하던 곳 |
| 사정전 | 왕이 신하들과 업무를 하던 곳 |
| 강녕전 | 임금이 일상 생활을 하던 곳 |
| 경회루 | 임금과 신하가 연회를 하던 곳 |

확인 이 내용이 담긴 디지털 매체는 ㅂ ㄹ ㄱ 이다.

## 주차

▲ 붙로그를 읽고 알 수 있는 정보는 무엇인지 ○표를 하세요.

우리나라의 궁궐 (○)  |  중국의 궁궐  |  세계 여러 나라의 궁궐

해설 붙로그를 읽고 우리나라의 다섯 궁궐에 대해 알 수 있습니다.

▲ 붙로그의 내용으로 알맞은 것에 모두 ○표를 하세요.

궁궐은 임금이 생활하는 곳이었다. [○]

우리나라의 대표적인 궁궐은 네 개이다. [ ]

베르사유 궁, 크렘린 궁, 자금성은 각각 프랑스, 러시아, 중국의 궁궐이다. [○]

해설 우리나라의 대표 궁궐은 다섯 개이다.

▲ 궁궐에 대한 설명에 알맞게 선으로 이으세요.

경복궁 —— 조선의 대표 궁궐이다.

덕수궁 —— 유네스코 세계 유산으로 지정된 궁궐이다.

창덕궁 —— 고종이 대한제국을 세운다는 사실을 널리 알렸던 궁궐이다.

해설 조선의 대표 궁궐은 경복궁이고, 유네스코 세계 유산으로 지정된 궁궐은 창덕궁이며, 고종이 대한제국을 세운다는 사실을 널리 알렸던 궁궐은 덕수궁입니다.

활동 붙로그의 내용을 바탕으로 우리나라의 궁궐을 소개하는 내용을 정리해 보세요.

**경복궁**
- 조선의 대표 궁궐이다.
- 조선의 수도였던 한양의 중심에 위치하였다.
- 예) 조선을 세울 때 지어졌지만 임진왜란 때 불에 타서 조선 말기에 다시 지어졌다.

**창덕궁**
- 조선의 임금들이 가장 오래 머물렀던 궁궐이다.
- 임진왜란 때 불타서 다시 지었다.
- 예) 건물과 자연환경이 아름답게 잘 어우러져서 유네스코 세계 유산으로 지정되었다.

**경희궁**
- 경복궁의 서쪽에 있어서 서궐로 불렸다.
- 예) 많이 훼손되어서 현재는 일부분만 복원되어 있다.

**덕수궁**
- 임진왜란 때 선조가 피난을 와서 머물렀던 곳이다.
- 처음에는 정운궁이라고 불리다가 덕수궁으로 이름을 바꾸었다.
- 예) 고종이 대한제국을 세운다는 사실을 널리 알린 곳이다.

**창경궁**
- 창덕궁과 함께 동궐로 불리는 궁궐이다.
- 예) 성종이 효도를 하기 위해 만든 궁궐이다.

해설 우리나라의 다섯 궁궐이 특징과 복원을 간단히 정리합니다.

## 3회 생활

### 2 인터넷 게시판을 읽고 한 줄 댓글 쓰기
# 의견을 듣습니다

민주 어린이도서관에서는 한글날을 맞이하여 도서관을 이용하는 사람들에게 의견을 묻고 있네요. 인터넷 게시판에 어떤 댓글이 쓰여 있는지 읽어 보고 한 줄 댓글을 써 보세요.

민주 어린이도서관
- 공지공고
- 자료실
- 신작/추천도서
- 도서관 휴관일

도서관 소식 공지글
작성자: 관리자 | 등록일: 20○○.10.9 10:40 | 조회: 97
### 의견을 듣습니다

민주 어린이도서관에서는 한글날을 맞이하여 여러분의 의견을 들으려고 합니다. 도서관을 지금보다 책을 읽고 즐기기에 더 편안하고 행복한 공간으로 만들기 위한 목적입니다.

평소 도서관을 이용하면서 불편했던 점이나 바꾸었으면 하는 점을 생각해 보시고 한 줄 댓글로 써 주시기 바랍니다.

민주 어린이도서관은 항상 여러분 곁에서 친구 같은 도서관이 되겠습니다.
감사합니다.

● 작성 기간: ~20○○년 10월 20일

공감 5 ∨ | 댓글 3 ∨ ∧

- 쏘쏘 쓰레기통 옆에 분리 배출에 대한 자세한 안내문을 붙여 주셨으면 좋겠습니다.
- 토미 유아들은 유아 열람실을 이용하자.
- 생동이맘 대화를 하고 싶을 때는 독도에 나가서 이야기해 주세요.

 이 내용이 담긴 디지털 매체는 [인][터][넷] [게][시][판]이다.

---

## 1 주차

▲ 다음 내용은 게시판의 댓글 중 누구의 댓글과 관련 있는지 ○표를 하세요.

안녕하세요. 저는 여섯 살, 이홉 살된 두 아이의 엄마입니다. 아이들을 데리고 주말마다 민주 어린이도서관을 자주 갑니다. 책을 읽다 준비해 간 음료를 마시기 위해 아이들과 휴게실에 가기도 합니다. 그런데 휴게실에 분리 배출 쓰레기통이 있는데도 일부 사람들이 분리 배출을 제대로 하지 않아서 불편합니다.

생동이맘 / 토미 / 쏘쏘

해설 이 글은 쏘쏘 님이 쓴 댓글과 관련 있는 내용입니다.

▲ 인터넷 게시판에 댓글을 쓸 때 주의할 점으로 알맞은 것이 기호를 쓰세요. 답 ⓓ

㉮ 항상 자신의 실제 이름을 밝혀야 한다.
㉯ 가능하면 내용을 길게 쓰는 것이 좋다.
㉰ 여러 사람이 읽는 것이므로 표현에 주의하는 것이 좋다.

해설 인터넷 게시판에 댓글을 쓸 때는 자신의 이름을 밝혀도 되고 닉네임을 써도 됩니다. 그리고 댓글은 간단히 쓰는 것이 좋습니다.

활동 '내'가 민주 어린이도서관을 이용하는 사람이라면 어떤 말을 하고 싶은지 한 줄 댓글을 써 보세요.

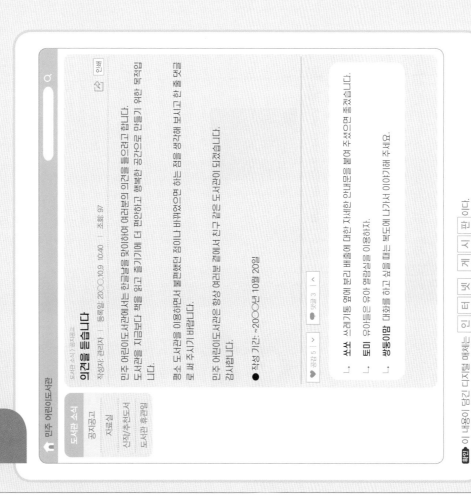

예 도서관을 늦은 시간까지 이용할 수 있도록 이용 시간을 바꿔 주세요.

1000자 이내
등록

해설 도서관을 이용해 본 경험을 떠올려 건의하고 싶은 일을 간단히 씁니다.

인터넷 게시판에 댓글을 쓸 때는?
· 자신의 실제 이름을 밝혀도 되고, 닉네임을 써도 된다.
· 여러 사람이 읽는 것이므로 표현에 주의하는 것이 좋다.
· 쓸 내용을 정확히 담아 간단히 쓴다.

정답과 해설 9쪽

# 1 인터넷 백과사전을 읽고 공통점과 차이점 정리하기

## 슈베르트와 쇼팽

19세기의 음악가 슈베르트와 쇼팽.
인터넷 백과사전에서 찾은 두 사람의 일생을 살펴보고, 두 음악가의 공통점과 차이점을 정리해 보세요.

독독백과사전 　오후 02:30 100%

### 가곡의 왕 슈베르트

프란츠 페터 슈베르트

1797년 출생하고 1828년 사망한 오스트리아 국적의 음악가이다. 1797년 가난한 집에서 태어났으며, 11세에 종장 하고에 들어가 합창단원으로 활동하였다. 음악가 집안이었으나 집안 형편이 어려워서 어릴 수 없이 아버지의 뜻대로 교사가 되었다. 그러나 원하던 일이 아니라고 생각한 슈베르트는 음악가의 길을 고집하며 결국 집에서 쫓겨났다. 음악 레슨을 하고, 친구 집에 엿 혀살며 열심히 곡을 만들었다. 15000여 작품 중 가곡이 633곡이나 되어 가곡의 왕이라고 불리며 베토벤이나 슈베르트에게 일화는 유명하데, 임종을 앞두 베토벤이 "슈베르트, 지네를 일찍 만나야만 했는데." 라는 말을 했다고 한다. 존경하던 베토벤의 임종 후 얼마 뒤지 않아 슈베르트도 죽음을 맞이했다.
대표 작품으로는 <마왕>, <송아>, <들장미>, <겨울 나그네>종 <보리수>등이 있다.

독독백과사전 　오후 02:30 100%

### 폴란드 국민들이 사랑하는 작곡가 쇼팽

프레데리크 프랑수아 쇼팽

1810년 출생~1849년 사망; 국적 폴란드
1810년 폴란드 바르샤바 근교에서 태어났다.
7세: 악보집 <<폴로네이즈>>에 수록된 곡들을 썼다.
15세: 러시아 황제 앞에서 연주를 하며 실력을 인정 받았다.
21세: 유학 생활을 접고 군이 도련다 하였으나 아버지의 뜻에 따라 음악가의 길을 계속 가게 되었다.
22세: 파리에서 리스트, 멘델스존 등을 만났다.
23세: 1829년부터 작곡한 연습곡이 출판되었다.
26세: 소설가 조르주 상드를 만나 사랑에 빠졌다.
30세: 폐결핵이 걸렸다.
39세: 병이 깊어져서 세상을 떠났다. 쇼팽은 피아노 국을 많이 남겼으며 마지막에 살던 프랑스에 문혔지만, 심장은 폴란드에 문혔다.
대표 작품: <폴로네이즈>, <혁명>, <흑건>, <빗방울 전주곡>, <녹턴>등

확인 이 내용이 담긴 디지털 매체는 인터넷 | 백 | 과 | 사 | 전 | 이다.

---

▲ 인터넷 백과사전에서 어떤 음악가에 대한 정보를 찾았는지 알맞은 것에 모두 ○표를 하세요.

쇼팽　　베토벤　　슈베르트

해설 인터넷 백과사전에서 슈베르트와 쇼팽에 대한 정보를 찾았습니다.

▲ 다음은 누구에 대한 설명인지 쓰세요. 답 슈베르트

- 가곡의 왕이라고 불린다.
- 아버지의 뜻에 따라 교사가 되었지만, 다시 음악가의 길을 걷는다.
- 대표 작품으로 <마왕>, <송어>, <보리수>가 있다.
- 존경하는 음악가는 베토벤이다.

해설 가곡의 왕이라고 불리는 음악가는 슈베르트입니다.

활동 인터넷 백과사전에서 찾은 정보를 바탕으로 두 음악가의 공통점과 차이점을 정리해 보세요.

### 공통점

- 같은 때에 활동하던 음악가이다.
- 예) 어려서부터 재능이 있었다.
- 예) 두 음악가가 모두 일찍 사망했지만 많은 작품을 남겼다.

### 차이점

- 슈베르트는 오스트리아에서 태어났고, 쇼팽은 폴란드에서 태어났다.
- 예) 슈베르트는 가난한 집에서 자랐으며, 쇼팽은 평범한 가정에서 자랐다.
- 예) 슈베르트는 가곡을 많이 작곡했고, 쇼팽은 피아노곡을 많이 작곡했다.

해설 슈베르트와 쇼팽의 비슷한 점과 다른 점을 정리합니다.

같은 때에 활동했던 음악가들은?

- 슈베르트(오스트리아), 멘델스존(독일), 슈만(독일), 쇼팽(폴란드), 브람스(독일)는 19세기 초반, 유럽에 살았던 음악가들이다.
- 낭만주의 음악가들이다.

# 4회
과학

## 2 뉴스 방송 대본을 읽고 온라인 대화 하기

### 전국이 찜통더위

텔레비전 뉴스에 읽기예보가 나왔어요. 읽기예보에서는 여러 날 동안이 이어지고 있는 찜통더위를 설명하고 오늘의 날씨와 앞으로의 날씨에 대해 알려 주었어요. 뉴스 방송 대본을 읽고 정리한 내용을 온라인 대화방에게 써 보세요.

전국 '찜통더위' 낮 최고 기온 35도까지

남부 지방은 5일 연속 낮 30도를 웃돌고 있습니다. 오늘 기상청은 서울, 경기, 충청을 제외한 전국 대부분 지역의 낮 최고 기온이 35도까지 올라갈 무더울 것으로 내다봤습니다.

각 지역별 낮 최고 기온은 부산, 울산, 김해, 마산 34도, 대구, 칠곡, 구미, 포항 35도, 항성, 순천, 정읍, 원주, 태백 35도, 무안, 화순, 순천, 목포, 여수 35도, 서울, 김포, 안산, 화성 30도 등입니다. 낮 동안의 고온 현상으로 인하여 밤에도 열대야가 나타나는 곳이 있겠습니다.

오늘 아침 최저 기온 29~32도로 비교적 높았고, 미세먼지 농도는 전국이 '좋음'으로 나타나 있습니다.

폭염 경보는 낮 최고 기온 35도 이상이 2일 이상 계속될 경우 내려지고, 폭염 주의보는 낮 최고 기온이 33도 이상인 날이 2일 이상 계속될 것으로 예상될 경우 발표됩니다. 열대야는 밤사이 최저 기온이 25도 이상인 경우를 말합니다. 이처럼 폭염 주의보가 발표되면 가능한 한 야외 활동을 하지 않고, 물을 자주 마셔야 합니다. 또 강한 햇볕을 피해 실내에서 있는 것이 좋습니다. 계속 이어지는 무더위에 건강 주의하시기 바랍니다.

주말인 내일부터는 장마 전선의 영향으로 전국이 대체로 흐려지면서 더위가 점차 수그러들겠습니다.

---

▲ 텔레비전 뉴스를 보고 읽을 수 있는 오늘의 날씨를 알맞게 말한 친구의 이름을 쓰세요.

은율: 장마 전선의 영향으로 전국이 대체로 흐린 날씨야.

민규: 전국 대부분의 낮 최고 기온이 35도 이상의 폭염이라서 아주 더워.

**해설** 텔레비전 뉴스의 읽기예보에서는 전국 대부분이 낮 최고 기온이 35도를 넘는 폭염이라고 했습니다.

▲ 알맞은 말에 ○표를 하세요.

텔레비전 뉴스는 (화면, 지면 )을 통해 시각적으로 내용을 전달할 수 있다.

**해설** 텔레비전 뉴스는 화면을 통해 내용을 전달합니다.

**활동** 읽기예보 내용을 바탕으로 온라인 대화방에 오늘의 날씨를 알려 주는 내용을 써 보세요.

< 대화방 5

오전 9:11
애들아, 안녕? 주말인
데 다들 뭐해?

선우
오전 9:13
지금 읽어봐.

어림
오전 9:14
낮 더위가 대단고 선생
님깠다가 있어. 이청부
타 정말 덥다.

읽기예보에서 부산의 날씨 낮 최고 기온은 낮 최고 기온 34도라고 했습니다.

< 대화방 5

동하
오늘 부산 할머니 댁에 가
는데 부산도 많이 더운가?
오늘 읽기예보 본 사람 있
으면 부산 날씨 좀 알려줘

오전 9:18

**예** 오늘 부산은 낮 최고 기온이
34도까지 올라가서 이주 더
울 거야.

### 텔레비전 뉴스가 궁금해요

- 동시에 많은 사람에게 내용을 전할 수 있다.
- 화면을 통해 시각적으로, 소리를 통해 청각적으로 내용을 전달할 수 있다.
- 보는 사람에게 전달하려는 내용을 한 방향으로만 전할 수 있다.
- 최근에는 인터넷을 이용하여 휴대 전화 등으로 텔레비전 뉴스를 볼 수 있게 되었다.

# 5회 과학

## 에너지 절약

**1** 텔레비전 공익 광고를 읽고 인터넷 게시판에 글 쓰기

우리가 생활하면서 사용하는 에너지는 쓰면 쓸수록 없어지는 거래요.
어떻게 하면 에너지를 절약할 수 있는지 생각하면서 텔레비전에서 공익 광고를 읽고 인터넷 게시판에 제안하는 글을 써 보세요.

아버지는 지하철을 타고
회사에 가세요.
에너지를 아끼는
우리는 멋진 에너지 지킴이~

엄마는 장에서
냉장고 정리를 자주 하세요.
에너지를 아끼는
우리는 멋진 에너지 지킴이~

**확인** 이 내용이 담긴 디지털 매체는 텔레비전 [공][익][광][고]이다.

▲ 알맞은 내용에 ○표를 하세요.

이 광고는 상업 광고로 에너지를 판매하려는 것이 주제이다. ☐

이 광고는 공익 광고로 에너지를 절약하려는 것이 주제이다. ◯

**해설** 이 광고는 공익 광고입니다. 주제는 에너지를 절약하자입니다.

▲ 공익 광고의 내용에 알맞게 선으로 이으세요.

엄마 ── 지하철을 타고 회사에 간다.

아빠 ── 집에서 냉장고 정리를 자주 한다.

**해설** 지하철을 타고 회사에 가는 사람은 아빠이고, 집에서 냉장고 정리를 자주 하는 사람은 엄마입니다.

**활동** 공익 광고를 다시 읽고 인터넷 게시판에 에너지 절약 방법에 대해 제안하는 글을 써 보세요.

| | |
|---|---|
| 제목 | 예 추운 겨울에는 내복을 입읍시다. |
| 작성자 | 예 김나듬 |

예 4학년 3반 친구들에게 제안합니다.
요즘 교실에서 춥다고 난방 온도를 높여 달라고 선생님께 부탁하는데, 교실 실내 온도는 28도 정도로 따뜻한 편입니다. 난방 온도를 더 높이는 것은 에너지를 낭비하는 행동이라고 생각합니다. 춥다고 말하는 친구들을 보니 얇은 옷을 입고 다니는 것 같습니다. 내복을 입으면 덜 춥습니다. 에너지를 아끼고 나의 몸도 건강하게 지킬 수 있도록 내복 입기를 제안합니다.

댓글 0  ♡ 0

**해설** 에너지를 절약하는 방법을 제안하는 글이 형식에 따라 제안하는 내용, 제안하는 까닭 등으로 써 봅니다.

### 공익 광고란

· 광고의 목적은 물건을 파는 것이 아니다.
· 기업이나 단체가 공공의 이익을 위해 만든 광고이다.
· 사회와 공동체의 발전에 도움이 된다.
· 전달하는 매체에 따라 인쇄 광고, 텔레비전 광고, 라디오 광고 등이 있다.

# 5회 배구를 소개해요

생활

## 2 인터넷 국어사전을 읽고 정보 정리하기

제32회 도쿄올림픽에서 우리나라 여자배구팀은 멋진 경기를 해서 많은 사람들에게 감동을 주었어요. 인터넷 국어사전에서 검색한 내용을 읽고 배구 용어를 정리해 보세요.

### 똑똑국어사전

## 배구⁵

排球

「명사」

『체육』 두 팀이 직사각형 코트의 중앙에 네트를 사이에 두고 상대편이 서브한 공을 땅에 떨어뜨리지 않고 손으로 리시브하되 세 번 안에 상대편 코트로 넘겨 보내는 구기 종목 국제식 경기는 한 팀이 6명으로 구성되며, 5세트 경기 중 3세트에서 먼저 점수를 내는 팀이 승리한다. 2점 이상 점수가 앞선 상태에서 먼저 25점을 얻은 팀이 승리하고, 두 팀이 각각 24점으로 동점인 경우에는 한 팀이 2점 앞설 때까지 경기가 계속된다. 5세트는 최소 2점 앞선 상태에서 15점을 먼저 얻어야 한다.

배구 동작에는 서브, 리시브, 토스, 스파이크 등이 있다. 서브는 공격하는 팀이 상대편 코트에 공을 쳐 넣는 일로 여러 종류의 서브가 있다. 리시브는 상대편의 공을 받는 것으로 공격하는 선수에게 패스할 수 있다. 토스는 패스의 일종으로 공격하는 동작이지만, 토스는 스파이크로 연결하는 동작이다. 스파이크는 네트 가까이 떠온 공을 상대편 코트로 세게 내려치는 공격이다.

◇ 그림 및 사진 자료

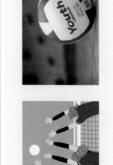

확인 이 내용이 담긴 디지털 매체는 인터넷 [국] [어] [사] [전] 이다.

---

정답과 해설 13쪽

▲ 앞맞은 말에 ○표를 하세요.

공은 세 번 안에 상대편 ( 코트 ), 네트 )로 넘겨야 하며, 5세트 중 ( 3세트 ), 5세트 )에서 먼저 점수를 낸 팀이 경기에서 승리하게 된다.

해설 공은 상대편 코트로 넘겨야 하며, 5세트 중 3세트에서 먼저 점수를 낸 팀이 경기에서 승리함을 알 수 있습니다.

활동 인터넷 국어사전에서 찾은 정보를 바탕으로 배구 용어를 정리해 보세요.

| 서브 | 리시브 |
|---|---|

공격하는 팀이 상대편 코트에 공을 쳐 넣는 일. 여러 종류의 서브가 있다.

예 상대편이 공을 받는 것. 공격하는 선수에게 패스할 수 있다.

| 토스 | 스파이크 |
|---|---|

예 패스와 비슷한 듯. 스파이크로 연결하는 동작이다.

네트 가까이 떠온 공을 상대편 코트로 세게 내려치는 공격이다.

해설 서브, 리시브, 토스, 스파이크에 대해 인터넷 국어사전을 다시 읽게 됩니다.

---

#### 배구 vs 비치발리볼

| 공통 | · 배구와 비치발리볼은 둘 다 상대편이 서브한 공을 땅에 떨어뜨리지 않고 손으로 리시브한 뒤 세 번 안에 상대편 코트로 넘겨야 하는 규칙이 같다. |
|---|---|

· 배구는 실내 체육관에서, 비치발리볼은 해변가 모래 위에서 경기를 한다.

## 확인 문제 »

**1** 다음은 온라인 대화방에서 자료가 이해에 구줌을 듣은 까닭은 무엇인가요? ( ③ )

① 할머니 대화 감을 수 없게 되었기 때문이다.
② 할머니께 너무 다정스럽게 말했기 때문이다.
③ 할머니께 높임말을 사용하지 않았기 때문이다.
④ 줄임말을 써서 아빠가 못 알아듣었기 때문이다.
⑤ 할머니 생신 선물을 준비하지 않았기 때문이다.

해설 자료는 할머니께 '할머니', 저녁에 같이 높임말을 사용하지 않았기 때문에 이해에 구줌을 듣은 것입니다.

**2** 다음과 같이 글과 함께 사진과 영상 등의 정보를 얻을 수 있는 매체는 무엇인가요? ( ⑤ )

감자
가짓과의 여러해살이풀

① SNS
② 블로그
③ 인터넷 뉴스
④ 인터넷 게시판
⑤ 인터넷 백과사전

해설 글과 함께 대상과 관련된 사진과 영상 등의 정보를 얻을 수 있는 매체는 인터넷 백과사전입니다.

**3** 다음 매체에서 얻을 수 있는 정보에 대해 알맞지 않게 말한 친구의 이름을 쓰세요.

Pica_bs_too

경희: 감자의 가격을 알 수 있어서 난 무엇보다 좋은 거 같아.
대수: 사진을 보고 감자의 상태를 알 수 있어서 좋은 거 같아.
민영: 감자가 포슬포슬하다는 표현에서 맛을 짐작할 수 있어서 좋아.

( 경희 )

해설 이 SNS를 보고 감자의 가격을 알 수는 없습니다.

---

## 확인 문제 »

**4** 왼쪽과 같이 휴대 전화나 컴퓨터에서 볼 수 있는 만화를 무엇이라고 하는지 쓰세요.

( 웹툰 )

해설 웹툰은 웹(web)과 카툰(cartoon)을 합한 말로, 인터넷을 통해 여러 회차로 나누어 실어 놓은 만화를 말합니다.

**5** 다음은 어떤 매체의 장점인가요? ( ② )

· 개인의 이야기를 주제별로 쓸 수 있다.
· 사진과 동영상을 사용하여 내용을 효과적으로 쓸 수 있다.
· 사람들과 공감하고 내용을 남길 수 있다.

① SNS
② 블로그
③ 인터넷 뉴스
④ 인터넷 게시판
⑤ 인터넷 백과사전

해설 개인의 이야기를 사진과 동영상을 사용하여 효과적으로 쓴 글로, 사람들과 공감하는 내용을 남길 수 있는 매체는 블로그입니다.

**6** 다음과 같이 인터넷 게시판 등의 글을 읽고 의견을 쓰는 것을 무엇이라고 하는지 두 글자로 쓰세요.

도서관을 늦은 시간까지 이용할 수 있도록 운영 시간을 바꿔 주세요

( 댓글 )

해설 인터넷 게시판, 인터넷 백과사전, 블로그 등의 글을 읽고 이견을 쓰는 것을 '댓글'이라고 합니다.

**7** 다음은 무엇에 대한 설명인지 쓰세요.

기업이나 단체가 공공의 이익을 위해 만든 광고로, 사회와 공동체의 발전에 도움이 된다.

( 공익 광고 )

해설 기업이나 단체가 공공의 이익을 위해 만든 광고로, 사회와 공동체의 발전에 도움이 되는 것은 공익 광고에 대한 설명입니다.

2
—
주차

정답과 해설

**2 주차**

# 1 회 문학

## ■ 뉴스 방송 대본을 읽고 온라인 대화 하기

# 세계의 가족 기념일

학교 텔레비전 뉴스에서 세계 여러 나라의 가족 기념일에 대해 방송했어요. 뉴스 방송 대본을 읽고 가족 기념일에 대해 알아보고, 온라인 대화방에 좋아하는 가족 기념일을 써 보세요.

오늘 이 시간에는 가족 기념일에 대해 알아보도록 하겠습니다. 정성훈 기자, 원래 어린이날은 5월 5일이 아니었고요?

네, 그렇습니다. 우리나라에서 처음 어린이날을 정한 것은 1923년인데요, 당시 방정환과 '색동회' 라는 모임이 중심이 되어 5월 1일을 어린이날로 정했습니다. 그 후 5월 첫 번째 일요일로 날짜를 바꾸었다가 1946년 이후부터 5월 5일로 정하여 지금까지 이어져 오고 있습니다. 1923년 5월 1일에 방정환은 어린이날 선언문을 발표했는데 이것은 세계 최초의 어린이 인권 선언입니다.

잘 들었어요. 5월에는 어린이날 뿐 아니라 어버이날, 성년의 날 등 부모의 날 등 여러 가족 기념일 이 있지요. 정보myr 기자, 그럼 다른 나라에도 이런 기념일이 있나요?

네, 스위스는 3년에 한 번 8월 1일, 중국이나 러시아는 6월 1일 어린이날입니다. 영국이나 프랑 스는 1년 내내 어린이를 사랑해야 한다는 의미로 어린이날을 정하지 않았습니다.

그럼, 다른 가족 기념일도 나라마다 다른가요?

네, 우리나라에서는 매년 5월 8일을 어버이날로 정하고 있지만 많은 나라에서 어머니날과 아버지 날을 구분하고 있습니다. 미국, 중국, 스위스 등은 매년 5월 둘째 주 일요일을 어머니날로 정하고 있습니다. 또 미국에서는 9월 첫째 주 일요일을 조부모의 날로 정했고, 인도에서는 8월 중순에 오 누이의 날이 있습니다.

네, 지금까지 세계의 가족 기념일에 대해 알아보았습니다. 5월은 가정의 달인 만큼 가족에 대한 소중함을 다시 한번 생각해 보시길 바랍니다. 감사합니다.

활동 이 내용이 담긴 디지털 매체는 텔레비전 [뉴][ㅅ] 이다.

---

▲ 우리나라의 어린이날은 어떻게 변해왔는지 순서대로 번호를 쓰세요.

| 5월 5일 | 5월 1일 | 5월 첫 번째 일요일 |
|---|---|---|
| ( 3 ) | ( 1 ) | ( 2 ) |

해설 1923년에 처음 어린이날을 정할 때는 5월 1일이었으나 그 후 5월 첫 번째 일요일로 바꾸었습니다. 그러다가 1946년 이후에 현재와 같이 5월 5일로 정해 기념하고 있습니다.

▲ 학교 텔레비전 뉴스의 내용으로 알맞은 것에 모두 ○표를 하세요.

1923년 방정환과 색동회가 함께 어린이날을 정했다. ☐

세계의 여러 나라에서는 어머니날과 아버지날을 구분하기도 한다. ◯

방정환이 발표한 어린이날 선언문은 세계 최초의 어린이 인권 선언이다. ◯

해설 1923년 방정환과 색동회가 함께 어린이날을 정했습니다.

활동 뉴스 방송 대본의 내용을 바탕으로 하여 온라인 대화방에 내가 좋아하는 가족 기념일을 이유와 함께 써 보세요.

**< 내 친구 3**

쪽동 소민: 가족 기념일이 종류가 많네. 오후 7:30

민재: 나도 어린이날, 어버이날 정도만 알았는데…… 오후 7:31

쪽동 소민: 나는 뭐니 뭐니 해도 어린이날이 가장 좋아. 내가 주인공이 된 것 같아서 좋아. 오후 7:33

**< 내 친구 3**

민재: 너는 어떤 가족 기념일이 가장 좋아? 오후 7:35

예: 내가 좋아하는 가족 기념일 은 어버이날이야. 왜냐하면 부모님께 감사드린다는 말을 평소에는 잘 안 하게 되 는데 어버이날에는 할 수 있기 때문이야.

**우리나라의 가족 기념일** 우리나라의 가족 기념일에는 어린이를 존중하기 위해 정한 날인 어린이날, 부모님의 은혜에 감사하는 어버이날이 있다. 또 성인이 된 것을 기념하는 성년의 날도 있고, 부부의 화합과 건강한 가족 문화를 위한 부부의 날도 있다.

# 1회 사회

## 2 웹툰과 블로그를 읽고 광고 만들기

# 이천 도자기 축제

해준이의 할아버지 댁이 있는 이천은 쌀과 더불어 도자기 축제로 유명한 곳이에요. 해준이는 이천 도자기 축제에 가서 한 첫 광고 만들기 대회에 응모하기로 했어요. 이천 도자기 축제를 알리는 광고를 만들어 보세요.

**이천 도자기 축제에 가요**

**이천 도자기 축제**

**이천 도자기 축제 알리미** 20〇〇.04.26 19:25

이천은 예로부터 좋은 흙을 구하기 쉬워서 도자기를 굽는 가마가 모여 있었습니다. 조선 시대에도 이천의 특산품을 도자기라고 했고, 지금도 수많은 도자기 공방과 도예촌이 모여 있어서 도자기의 고장으로 불립니다. 이천은 이런 지역의 특색을 살려 1987년부터 도자기 축제를 열고 있습니다.

이번 이천 도자기 축제는
4월 26일부터 5월 12일까지 열리며,
도자예술마을인 '예스파크'를 중심으로 열립니다!!

행사는 판매 마당, 체험 마당, 놀이 마당 등으로 구성되어 있습니다. 판매 마당에서는 이천의 도자기 작가들이 만든 다양한 도자기를 구입할 수 있습니다. 또 도자기 만들기 체험, 가마에 불 지피기, 도자기 그림 색칠하기 등 여러 가지 체험도 마련되어 있으니 꼭 한번 와서 이천 도자기를 경험해 보세요.

교통 안내도

목록
전체 보기(150)

도자기 이야기(39)
도자기 작품(22)
이천 도자기 축제(21)
이천의 볼거리(12)
이천의 먹을거리(21)
이천 소식(35)

#이천도자기 #이천도자기축제 #예스파크 #지역축제 #도예촌

**이천 도자기의 역사**

- 이천은 청동기 시대부터 토기를 제작했던 곳이고 삼국 시대에도 토기를 만들었던 흔적이 남아 있는 지역이다.
- 조선 시대에도 좋은 흙과 솜씨 좋은 장인들에 의해 만들어진 도자기가 이천의 특산품이었다.
- 현재에도 전통을 이어받은 장인들이 모여 있으니 전통 도예의 중심지이다.

설명 이 내용이 담긴 디지털 매체는 웹 툰 과 블로그이다.

**2 주차**

정답과 해설 19쪽

▲ 해준이 할아버지 댁이 있는 지역에서 열리는 축제에 ○표를 하세요.

보령 머드 축제 / (이천 도자기 축제) / 무주 반딧불 축제

해설 해준이의 할아버지가 사는 이천으로 댁이 그곳에서는 이천 도자기 축제가 열립니다.

▲ 볼 그룹 읽고 이천 도자기 축제에 대해 정리해 보세요.

| 축제 이름 | 예 이천 도자기 축제 |
| --- | --- |
| 축제 기간 | 예 4월 26일~5월 12일 |
| 축제 장소 | 예스파크 |
| 축제 행사 | 예 도자기 만들기 체험, 가마에 불 지피기, 도자기 그림 색칠하기 등 |

해설 이천 도자기 축제는 4월 26일부터 5월 12일까지 에스파크에서 열립니다. 축제 기간 중에는 도자기 만들기 체험, 가마에 불 지피기 등의 체험 행사가 열립니다.

▲ 이천이 도자기의 고장이 될 수 있었던 까닭에 모두 ○표를 하세요.

조선 시대에도 도자기는 이천의 특산품이 있다.

이천에는 도자기 공방과 도자기 마을인 도예촌이 모여 있다.

이천에서는 최근 들어 도자기 공방과 가마터가 줄어들고 있다.

이천은 예로부터 좋은 흙을 구하기 쉬워서 도자기를 굽는 가마가 모여 있었다.

해설 이천은 좋은 흙으로 인해 이천에서 공방과 가마가 모여들고 있다는 내용은 나오지 않습니다.

**활동 1** 이천 도자기 축제 광고를 만들 때 필요한 키워드를 떠올려 써 보세요.

흙과 불의 만남 / 예 에스파크 / 순흙에서 탄생한 도자기 / 캐지지 않는 튼튼함 / 이천 / 가마 / 나만의 도자기 / 예 도자기 만들기 체험

해설 이천 도자기 축제의 중요 내용을 떠올려 써 봅니다.

**활동 2** 해준이는 이천 도자기 축제 한 컷 광고 만들기 대회에 응모하려고 해요. 제시된 광고글을 참고하여 빈칸에 광고의 제목과 문구를 넣어 한 컷 광고글을 완성해 보세요.

흙과 어나 되는 이천 도자기 축제
축제 기간: 4월 26일~5월 12일
축제 장소: 예스파크
축제 행사: 판매 마당, 체험 마당, 놀이 마당, 먹거리 장터, 포토존 등
도자기 만들기 체험도 체험할 수 있는 이천 도자기 축제로 오세요!

예 손끝으로 빛는 세상 이천 도자기 축제
축제 기간: 4월 26일 ~ 5월 12일
축제 장소: 예스파크
축제 행사: 판매 마당, 체험 마당, 놀이 마당, 먹거리 장터, 포토존 등
예 이천 도자기 축제에는 놀거리, 볼거리가 가득!

해설 이천 도자기 축제의 특징을 상관 광고의 제목과 문구를 만듭니다.

## 2회 과학

### 1 블로그를 읽고 댓글 쓰기

# 당근과 사랑

당근을 먹으면 시력이 좋아진다는 말을 들어본 적이 있나요? 선우는 당근에 대한 내용을 검색하다가 쉽게 된 이야기를 블로그에 썼어요. 블로그를 읽고 눈 건강을 위한 나만의 방법을 댓글로 써 보세요.

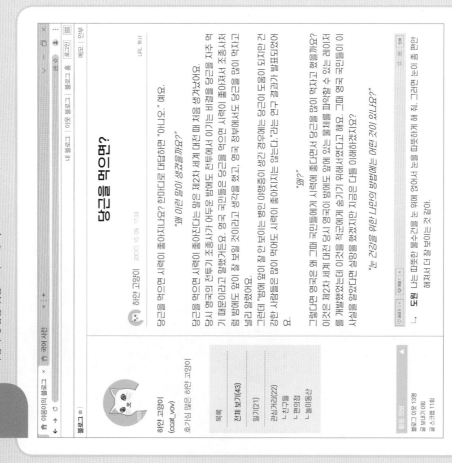

아영이의 블로그 × 국어 사전

URL 복사

블로그 그룹 | 내 블로그 | 이웃 블로그 | 블로그 홈 | 로그인

하얀 고양이
(ccat_vov)
흥가심 많은 하얀 고양이

목록
전체 보기(43)
일기(21)
관심거리(22)
ㄴ친구들
ㄴ편의점
ㄴ놀이동산

블로그 이웃 13명
글 보내기 0회
글 스크랩 11회

## 당근을 먹으면?

하얀 고양이 | 2000. 10. 09. 17:33

당근을 먹으면 시력이 좋아지나요? 한마디로 대답하면 "아니요." 예요.
"왜 이런 말이 생겼을까요?"

당근을 먹으면 시력이 좋아진다는 말은 제2차 세계 대전 때처럼 생겨났어요.
당시 영국의 전투기 조종사가 어두운 밤에도 전투에서 이기는 비결을 당근을 자주 먹기 때문이라고 말했어요. 영국 국민들은 당근을 먹으면 시력이 좋아진다고 조종사처럼 밤에도 앞이 잘 보일 것이라고 생각을 했고, 영국 정부에서도 당근을 많이 먹자고 널리 알렸어요.
그런데 "밤에 앞이 잘 안 보이는 병이 야맹증이 생긴 경우에는 당근이 도움이 되지만 건강한 사람들은 당근을 많이 먹어도 시력이 좋아지지는 않는다."라는 연구 결과가 발표되었어요.

"왜?"

그렇다면 영국은 왜 그때 국민들에게 시력에 좋다며 당근을 많이 먹자고 했을까요? 이것은 제2차 세계 대전 당시 영국이 밤에도 앞에 있는 물체를 파악할 수 있는 레이더를 개발했는데 이것을 적군에게 숨기기 위해서였다고 해요. 그때 영국 국민들이 이 사실을 알았다면 실망을 했겠지만 지금은 다음 이해하겠지요?

"눈 건강을 위한 방법에는 어떤 것이 있나요?"

ㄴ 도현 나는 따뜻한 물수건을 눈 위에 얹어서 눈을 따뜻하게 해 줘. 그러면 눈이 좀 편안해져서 더 잘 보이는 것 같아.

도움말 이 내용이 담긴 디지털 매체는 [블] [로] [그] 이다.

---

## 2 주차

▲ 블로그의 내용으로 알맞은 것에 ○표를 하세요.

이 글은 당근을 먹으면 ( 청력, 시력 )이 좋아진다는 말이 생겼던 이유에 대한 내용이다.

해설 블로그에서는 당근을 먹으면 시력에 좋아진다는 말이 생겼던 이유를 설명하고 있습니다.

▲ 당근에 대한 앞맞은 내용에 ○표를 하세요.

영국 사람들은 당근을 먹지 않는다.
당근을 먹으면 야맹증에 도움이 된다.
건강한 사람은 당근을 많이 먹으면 시력이 더 좋아진다.

해설 건강한 사람은 당근을 많이 먹어도 시력이 더 좋아지지는 않습니다.

활동 블로그를 읽고 눈 건강을 위한 나만의 방법을 생각하여 댓글로 써 보세요.

예 나는 하루에 세 번 눈 운동을 해. 위아래로 눈을 움직이면서 눈 운동을 하기도 하고 시계 방향으로 눈을 돌리면서 눈 운동을 하기도 해. 그러면 눈이 좀 시원해지는 것 같아.

1,000자 이내
등록

해설 눈이 건강을 위해 어떤 일을 하면 좋을지 생각하여 써 봅니다.

### 당근의 놀라운 효과 세 가지

• 혈애 순환을 좋게 해서 소화 없이 치가운 사람들에게 도움을 준다.
• 당근을 먹으면 배가 금방 부르기 때문에 음식을 먹는 양을 조절할 수 있다.
• 몸의 면역력을 강하게 해 주어서 병을 예방할 수 있다.

## 2회 생활

### 2 온라인 대화를 읽고 대화 하기

# 칭찬하는 말을 해요

하윤이는 동생과 싸웠어요. 계속 말을 안 하고 있으니 엄마가 온라인 대화방에서 서로 칭찬하는 말을 하자는 제안을 하셨어요. 어떤 점을 칭찬할지 생각해 보고 온라인 대화방에 칭찬하는 말을 써 보세요.

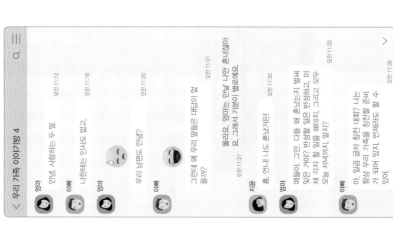

< 우리 가족 이야기방 4

엄마 인영. 사랑하는 두 딸. 오전 11:12
아빠 나한테는 인사도 없고. 오전 11:16
엄마 우리 남편도 안녕? 오전 11:20
아빠 그런데 왜 우리 딸들은 대답이 없을까? 오전 11:21
지윤 흥. 오전 11:27
엄마 몰라요. 엄마는 만날 나만 혼내잖아요. 그래서 기분이 별로예요. 오전 11:30
아빠 애들이 그만 다툼 왜 혼났는지 벌써 잊은 거야? 반성할 일은 반성하고, 이제 다시 할 일을 해야지. 그리고 오늘 자녀까지. 알지? 오전 11:32
아빠 이, 일곱 글자 칭찬 대화! 나는 항상 우리 가족을 칭찬할 준비가 되어 있지, 언제라도 할 수 있어. 오전 11:35

< 우리 가족 이야기방 4

엄마 하윤이랑 지윤이도 기억하지? 오전 11:40
엄마 꼭 일곱 글자여야 해요? 열 글자는 안 돼요? 오전 11:41
엄마 응. 그래서 일곱 글자 칭찬 대화인 거야. 왜? 짧은 일곱 글자로 칭찬하는 거지 대신 투자를 통해 일곱 글자로 가장 감동적인 칭찬을 한 사람에게는 아이스크림 쿠폰이 기다리고 있어. 오전 11:43

₩ 5,000
아이스박스 교환권 [5천원]
유효기간 20○○/01/19 ~ 20○○/03/17
교환처 아이스박스

아빠 이후 다들 기대해 내 실력을 보여 주겠어. 오전 11:44
지윤 정말? 오전 11:44
오전 11:45

확인 이 내용이 담긴 디지털 매체는 온라인 대 화 방 이다.

---

▲ 온라인 대화를 통해 알 수 있는 내용에 ○표를 하세요.

[ ] 하윤이가 동생과 다투고 엄마에게 혼났다.

[○] 하윤이는 동생이 세상을 어질러 놓아서 싸웠다.

해설 온라인 대화방에는 하윤이와 동생이 왜 싸웠는지 드러나 있지 않습니다.

▲ 하윤이의 입장이 되어 가족들을 칭찬하는 내용을 써 보세요.

 엄마
엄마는 요리를 잘한다. 엄마가 만든 불고기는 세상에서 제일 맛있다.

 아빠
예) 아빠는 위로하고 응원하는 말을 잘 해 준다. 어제도 엄마한테 혼나고 아빠가 위로해 줘서 기분이 금세 좋아졌다.

지윤
예) 지윤이는 우리 집 분위기를 살리는 귀염둥이다.

해설 가족을 칭찬할 때는 능력에 대한 칭찬, 수고에 대한 칭찬, 성격에 대한 칭찬 등을 할 수 있습니다.

▲ 하윤이와 지윤이처럼 우리 가족을 칭찬하는 말을 일곱 글자로 써 보세요.

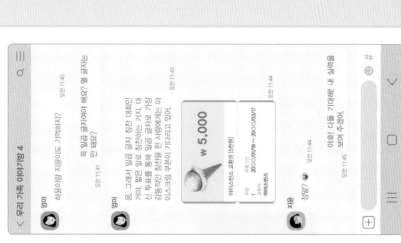

< 우리 가족 이야기방 4
지윤
언니 / 씩씩하고 용감해 오전 5:30
오전 5:42 아빠 / 응원과 위로 잘해
오전 5:43 엄마 / 우주 최고 요리왕
오전 5:44 지윤 / 넌 재미있는 아이

< 우리 가족 이야기방 4
예) 아빠 / 꼼꼼하고 멋진 대장
엄마 / 노래를 가장 잘해
동생 / 부지런한 내 동생

해설 가족들의 특성이 잘 드러나게 칭찬하는 내용을 글자 수에 맞추어 써 봅니다.

온라인 대화의 특징
· 사람들과 정보를 쉽고 빠르게 주고받을 수 있다.
· 상대방과 직접 만나지 않고 대화할 수 있다.
· 사진이나 이모티콘으로 자신의 기분을 나타낼 수 있다.

## 알맞은 말에 ○표를 하세요.

산불은 대부분 (사람), 야생 동물 )의 부주의로 일어난다고 한다.

해설 산불은 대부분 사람의 부주의로 일어납니다.

## 뉴스 방송 대본에서 알 수 있는 산불이 원인을 모두 찾아 ○표를 하세요.

| 물 | 불 | 기후 | 지형 |
| 별 | 암석 | 나무 | 바다 |
| 강 | | | |

해설 산불이 일어나는 원인은 기후, 나무, 지형입니다.

**활동** 뉴스 방송 대본을 읽고 산불을 예방하기 위해서 어떤 노력을 할 수 있을지 인터넷 게시판 에 써 보세요.

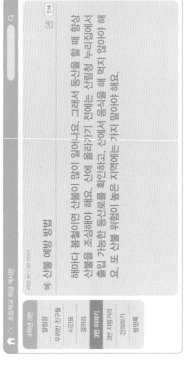

○○초등학교 학습 게시판

4학년 1반
알림장
우리반 친구들
시간표
갤러리
3반 이야기
건의하기
방명록

예 산불 예방 방법

해마다 봄철이면 산불이 많이 일어나요. 그래서 등산을 할 때 항상 산불을 조심해야 해요. 산에 올라가기 전에는 산림청 누리집에서 출입 가능한 등산로를 확인하고, 산에서 음식을 해 먹지 않아야 해요. 또 산불 예방을 위힘이 높은 지역에는 가지 말아야 해요.

해설 여러 가지 산불 예방 방법을 써 봅니다.

**산불이 났을 때 할 일**

· 산불을 발견하면 119에 신고한다.
· 작은 산불일 경우에는 외투, 나뭇가지 등을 이용해 두드리거나 덮어서 불을 끈다.
· 산불이 커지면 산불 발생 지역에서 멀리 떨어진 안전한 곳으로 이동한다.
· 이동할 때는 불길을 등지고 바람이 불어오는 방향으로 빨리 대피한다.

---

## 3회
과학

**1 뉴스 방송 대본을 읽고 인터넷 게시판에 글 쓰기**

# 대형 산불이 반복되는 이유

강원도 지역은 봄철에 대형 산불이 많이 발생한다고 해요.
뉴스 방송 대본을 읽고, 산불을 예방하기 위해 어떤 노력을 할 수 있을지 인터넷 게 시판에 글을 써 보세요.

뉴스 봄철 강원도 대형 산불…그 이유는?

강원도 동해안에서 봄철이 되면 해마다 산불이 발생하 고 있습니다.

아나운서: 산불 중에서도 특히 봄철 동해안의 산불은 한 번 발생하면 걷잡을 수 없이 커져 대형 산불로 번지기 일쑤입니다. 이렇게 강원도 동해안에서 대형 산불이 반복되는 이유는 무엇인지 김소라 기자가 전합니다.

김소라 기자: 산림청 통계입니다. 이처럼 강원도가 산불의 최대 피해 지역이 된 이유는 무엇일까요?

설림청장: 산불이 발생하는 원인은 보통 기후, 지형, 나무 중 하나입니다. 봄철 강원도는 기온이 높고 비가 잘 오지 않는 고온 건조한 기후이고, 불이 잘 붙는 소나무가 숲을 이루고 있습니다. 또 태백산맥을 넘어오는 고온 건조한 바람이, 세게 불기 때문에 한 번 불이 붙으면 산불이 매우 빠른 속도로 번지게 됩니다. 이처럼 강원도 가 산불이 나기 쉬운 지역인 만큼 이러한 산불이 원인을 앞앞고 산불이 나타나더라도 더 커지지 않게 해야 합니다.

김소라 기자: 올해 강원도 동해안 지역에서는 3~5월의 산불 조심 기간에 산불 방지 대책 본부가 만들어진다고 합니다. 이 제도에 따라 산불을 예방하고 산불이 났을 때 근본으로 번지지 않도록 준비할 것이라며 엄마나 효과가 있을지는 지켜보아야겠습니다. 전문가에 의하면 산불은 대부분 사람의 부주의로 일어난다고 합니다. 한 번 시작되면 막웅이 되는 대형 산불, 결국 사람들이 노력만 이 피해를 줄일 수 있습니다. 지금까지 ETS뉴스 김소라 기자였습니다.

확인 이 내용이 담긴 디지털 매체는 텔레비전 [뉴][스]이다.

## 3회 문화

### 2 블로그를 읽고 마인드맵으로 정리하기

# 추석

우리나라에는 여러 가지 세시 풍속이 있어요. 그중 추석은 한 해의 농사를 마무리하며 조상들께 감사드리는 우리 고유의 명절이에요. 블로그를 읽고 된 추석에 대한 내용을 마인드맵으로 정리해 보세요.

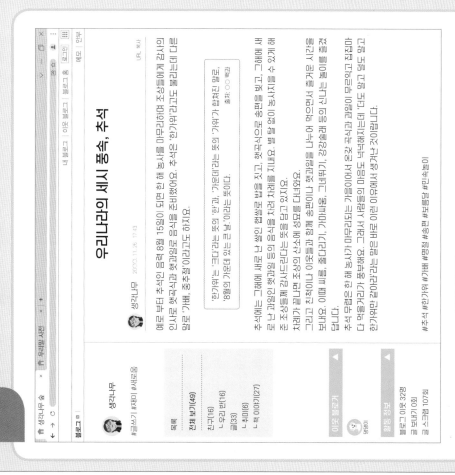

← → C   ↑ 우리말 사전   × +

**블로그**

생각나무
#글쓰기 #스마일 #세로움

목록
전체 보기(49)
인구(16)
ㄴ우리(16)
글쓰기(33)
ㄴ재미(6)
ㄴ책 이야기(27)

▲ 이웃 블로그
...명이

▲ 활동정보
블로그 이웃 32명
글 보내기 0회
글 스크랩 107회

내 블로그 | 이웃 블로그 | 블로그 홈 | 로그인
메뉴 | 인부
URL 복사

## 우리나라의 세시 풍속, 추석

생각나무   20○○.11.26. 17:43

예로부터 추석인 음력 8월 15일이 되면 한 해 농사를 마무리하며 조상들에게 감사의 인사로 햇곡식과 햇과일로 음식을 준비했어요. 추석은 '한가위'라고도 불리는데 다른 말로 '가배, 중추절'이라고도 하지요.

> '한가위'는 '크다'라는 뜻의 '한'과, '가운데'라는 뜻의 '가위'가 합쳐진 말로, '8월의 가운데 있는 큰 날'이라는 뜻이다.
> 출처: ○○ 백과

추석에는 그해에 새로 난 쌀인 햇쌀로 밥을 짓고, 햇곡식으로 송편을 빚고, 그해에 새로 난 과일인 햇과일 등의 음식을 차려 차례를 지내요. 별 탈 없이 농사지을 수 있게 해 준 조상들께 감사드리며 덕을 담는 일이기도 있지요.

그리고 친척이나 이웃들과 함께 송편이나 햇과일을 나누어 먹으면서 즐거운 시간을 보내요. 이때 씨름, 줄다리기, 가마싸움, 그네뛰기, 강강술래 등의 신나는 놀이를 즐겨요. 추석 무렵은 한 해 농사가 마무리되는 기을이라서 온갖 곡식과 과일이 무르익고 집집만 다 먹을거리가 풍부해요. 그래서 사람들의 마음도 넉넉해지는데 '더도 말고 덜도 말고 한가위만 같아라'라는 말도 바로 이런 이유에서 생겨난 것이랍니다.

#추석 #한가위 #가배 #중추절 #명절 #송편 #보름달 #민속놀이

확인  이 내용이 담긴 디지털 매체는 □□□이다.

확인 이 내용이 담긴 디지털 매체는 블로그 이다.

---

## 2 추석 / 2주차

▲ 블로그에서 설명하는 내용에 ○표를 하세요.

- 우리나라의 세시 풍속인 추석
- 우리나라 민속놀이의 유래와 하는 방법

해설 블로그에서는 우리나라의 세시 풍속인 추석의 뜻과 유래, 하는 일 등을 설명하고 있습니다.

▲ 블로그의 특징으로 알맞은 것에 ○표를 하세요.

- 사진, 음악, 영상 등을 활용하여 관심 있는 내용을 글로 쓸 수 있다.
- 그림과 인물의 대사를 통해 자신의 생각을 효과적으로 전달할 수 있다.

해설 블로그는 사진, 음악, 영상 등을 활용하여 관심 있는 내용을 직접 글로 써서 정리할 수 있습니다. 그림과 인물의 대사를 통해 자신의 생각을 알리는 것은 웹툰입니다.

활동 블로그를 읽고 우리나라의 세시 풍속인 추석을 마인드맵으로 정리하여 보세요.

**추석**

- 추석의 다른 이름 — 예) 한가위 · 가배 · 중추절
- 민속놀이 — 강강술래 · 그네뛰기 · 줄다리기 · 씨름 · 가마싸움
- 한가위의 뜻 — 8월의 한가운데에 있는 큰 날.
- 하는 일 — 예) 송편 빚기 · 차례 지내기 · 성묘하기

해설 블로그에서 추석에 대한 중요 내용을 간추려서 마인드맵으로 정리합니다.

**블로그의 특징**

- 관심 있는 내용에 대해 직접 글을 써서 정리할 수 있다.
- 사진, 음악, 영상 등을 활용하여 글을 쓸 수 있다.
- 내가 쓴 글을 통해 다른 사람들과 정보를 주고받을 수 있다.

## 4회
### 과학

# 1 인터넷 백과사전을 읽고 화석 카드 만들기

# 화석이 뭐예요?

도아가 찾아본 인터넷 백과사전에는 화석이 어떻게 만들어지고, 화석의 종류에는 어떤 것이 있는지 등에 대한 내용이 자세하게 나타나 있었어요. 인터넷 백과사전의 내용을 바탕으로 하여 화석 카드를 만들어 보세요.

@독독백과사전

# 화석

**화석의 뜻**
옛날에 살았던 생물의 몸이나 생물 흔적이 지층에 남아 있는 것을 화석이라고 한다. 모든 생물이 다 화석이 될 수 있는 것은 아니고 껍데기나 뼈와 같이 단단한 부분이 있으면 화석으로 만들어지기 쉽다.

**화석이 만들어지는 과정**
생물이 죽으면 호수나 바다의 바닥에 묻히고 그 위에 퇴적물이 쌓인다. 오랜 시간 동안 퇴적물이 두껍게 쌓이면 지층이 만들어지고 그 속에 있던 생물은 화석이 된다. 그러다가 지구 내부의 힘에 의해 지층이 높이 솟아오른 다음, 비나 바람에 깎이면 화석이 드러난다.

**화석의 종류**

고사리 화석
고사리로 퇴적물이 쌓여서 만들어진 화석이다. 요즘도 흔하게 볼 수 있는 식물이다. 그래서 고사리 화석이 많이 발견되는 지역은 옛날에 따뜻하고 습기가 많은 곳이었다는 것을 짐작할 수 있다.

삼엽충 화석
오래 전 바닷속에 살았던 삼엽충에 퇴적물이 쌓여 만들어진 화석이다. 현재는 삼엽충이 사라지고 없는 동물이지만 지층에서 삼엽충 화석이 나오면 그곳이 옛날에는 바다였다는 것을 알 수 있다.

공룡 발자국 화석
오래 전 공룡이 남긴 발자국에 퇴적물이 쌓여 만들어진 화석이다. 이 발견되면 그 지층은 공룡이 살았던 때에 만들어졌다는 것을 알 수 있다. 또 화석에 나타난 발 모양으로 공룡의 종류를 짐작할 수 있다.

화인 이 내용이 담긴 디지털 매체는 인터넷 [백] [과] [사] [전] 이다.

---

## 2
### 주차

▲ 인터넷 백과사전에서 설명하는 중심 내용에 ○표를 하세요.

지층 / 화석 / 바다 / 지구

해설 인터넷 백과사전에서는 화석에 대한 설명을 하고 있습니다.

▲ 인터넷 백과사전을 읽고 알맞은 내용을 골라 ○표를 하세요.

고사리는 요즘에는 볼 수 없는 식물이다.

삼엽충 화석이 발견된 지역은 옛날에 바다였던 곳이다.

해설 인터넷 백과사전에서 고사리가 요즘에도 흔히 볼 수 있는 식물이라고 했습니다.

**활동** 인터넷 백과사전에서 알게 된 내용을 바탕으로 하여 화석의 특징을 나타내는 화석 카드를 만들어 보세요.

고사리 화석
대상 예 고사리
특징 화석이 있던 지역이 따뜻하고 습한 곳이었다는 것을 알 수 있다.

공룡 발자국 화석
대상 예 공룡
특징 예 화석이 있는 지층이 공룡이 살았던 때에 쌓였다는 것을 알 수 있다. / 공룡의 발 모양을 알 수 있다.

해설 인터넷 백과사전을 읽고 알게 되는 내용을 정리하여 화석 카드를 만들면 됩니다.

**많은 것을 알려 주는 똥 화석**
화석은 단단한 부분이 있어야 만들어지기 쉽다. 그런데 가끔 단단한 부분이 없는 똥으로 만들어진 화석이 발견되기도 한다. 똥 화석을 연구하면 옛날에 살았던 동물이 무엇을 먹었는지를 알 수 있고, 또 무엇을 먹었는지를 알면 어떤 식물이나 동물들이 당시에 살고 있었는지도 알 수 있다.

## 2주차

정답과 해설 25쪽

▲ 선하가 학교 누리집 게시판에 글을 쓰게 된 까닭에 ○표를 하세요.

- 우리 학교 학생들이 급식을 덜 남기를 원했기 때문에
- 음식물 쓰레기 문제를 학교에서 해결해 주기를 바랐기 때문에
- ○ 우리 학교 학생들이 환경 문제에 관심을 가지기를 바랐기 때문에

해설 선하는 급식 시간에 생긴 음식물 쓰레기가 많다는 것을 알게 되어서 학교 학생들이 모두 환경 문제에 관심을 가지기를 바랐습니다.

▲ 학교 게시판의 내용으로 알맞지 않은 것이 기호를 쓰세요. [답] ㉖

㉓ 음식물 쓰레기는 가정, 회사, 음식점 등에서 버린다.
㉔ 우리나라의 음식물 쓰레기는 하루 평균 1만 5천 톤 정도나 된다.
㉕ 급식 시간에 음식물 쓰레기를 줄이면 환경 보호에 도움이 될 것이다.
㉖ 학생이 환경 보호를 위해 할 수 있는 일에는 어렵고 힘든 일이 많다.

해설 학생들은 환경 보호를 위해 조금만 관심을 가지면 쉬운 일부터 실천할 수 있습니다.

**활동** 환경 보호를 위해 음식물 쓰레기 해결 방법을 생각하여 댓글로 써 보세요.

예 미생물들을 활용해 친환경적으로 음식물 쓰레기를 발효시켜 처리하는 방법을 활용하면 환경도 보호하고 음식물 쓰레기도 줄일 수 있습니다.

○ 댓글

댓글 달기 | 1000자 이내 | 등록

해설 인터넷 게시판을 읽고 자신의 생각을 댓글로 씁니다.

**인터넷 게시판의 특징**

- 여러 사람이 글쓰기에 참여할 수 있다.
- 다른 사람과 생각이나 정보를 주고받을 수 있다.
- 댓글을 통해 짧은 글로 생각을 전할 수 있다.

---

## 4회 생활

### 2 인터넷 게시판을 읽고 댓글 쓰기
# 환경 보호는 작은 일부터

환경 지킴이 선하는 반 친구들이 급식을 남겨서 생긴 음식물 쓰레기가 많아지는 것을 알았어요. 이 문제에 대해 친구들과 함께 생각해 보고 싶어서 선하는 인터넷 학교 게시판에 자신의 의견을 썼어요. 인터넷 게시판을 읽고 댓글을 써 보세요.

**자유 게시판**
🏠 4학년 > 열린 마당 > 자유 게시판

인쇄

### 환경 보호는 작은 일부터 시작할 수 있어요
작성자: 윤선하 | 작성일: 20○○.09.09 10:40 | 댓글 2 | 조회 79

안녕하세요. 저는 4학년 5반 윤선하입니다.
게시판에 글을 쓰는 이유는 우리 학교 학생들이 모두 환경 문제에 좀 더 관심을 가졌으면 해서입니다. 학생인 우리가 환경 보호를 위해 할 수 있는 일에는 어렵고 힘든 일보다는 조금만 관심을 가진다면 실천할 수 있는 일이 많다고 생각합니다.

학교에서 생활하는 시간 중 우리가 가장 기다리는 시간은 맛있는 급식을 먹는 시간이지요? 우리가 안 먹고 버린 음식 쓰레기가 되는데, 저는 이 음식물 쓰레기가 생각보다 많다는 것을 알게 되었습니다.
우리나라의 음식물 쓰레기는 하루 평균 1만 5천 톤 정도나 됩니다. 우리가 버리는 음식물 쓰레기도 여기에 포함되는 것이지요. 우리 학교 등에서 버리는 음식물 쓰레기를 조금이라도 줄인다면 환경 보호에 아주 조금은 도움이 될 것입니다.
급식을 받을 때는 먹을 수 있을 만큼만 받으면 어떨까요? 이런 작은 실천만으로도 음식물 쓰레기의 양이 확실히 줄어들 것이라고 생각합니다.
이 밖에도 음식물 쓰레기를 줄이기 위한 방법에 대한 여러분의 의견을 듣고 싶습니다. 좋은 방법이 있으면 함께 실천할 수 있도록 좋은 댓글을 써 주시기 바랍니다.

좋아요 5 | ∨    댓글 2 | ∧

└ 이서연 급식을 준비하는 과정에서도 음식물 쓰레기가 많이 생긴다고 합니다. 쓰레기가 많이 생기지 않는 재료를 구입하여 급식을 만들면 좋을 것 같습니다.

└ 나건솔 음식물 쓰레기는 동물들의 사료로 활용된다고 합니다. 학교 운동장 한쪽에 동물을 사육장을 마련하고 그곳에 작은 동물들을 키워서 사료로 쓰면 학교에서 생기는 음식물 쓰레기를 해결할 수 있다고 생각합니다.

확인 이 내용이 담긴 디지털 매체는 인터넷 [게] [시] [판]이다.

두 번째로 소개할 내용은 경상남도 밀양시의 '얼음골'이에요.

'얼음골'이라는 이름에서 알 수 있듯이 이곳은 얼음과 관련이 있어요. 초여름에 얼음이 얼기 시작해서 한여름까지 얼음을 볼 수 있는 곳이지요. 경상남도 밀양시의 천황산에 있는 얼음골 바위틈에서는 한여름에도 에어컨을 켠 듯 냉기가 뿜어져 나온다고 해요. 경상남도 밀양시 외에도 경상북도 의성과 청송, 충청북도 제천에도 여름에 얼음이 어는 지역이 있다고 해요. 여름철 피서지로 이만한 곳이 없겠군요.

▲ 밀양 얼음골

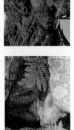
▲ 밀양 얼음골의 얼음

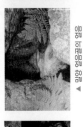
▲ 밀양 천황산의 얼음골

마지막으로 소개할 내용은 경기도 양평군의 '두물머리'예요.

▲ 두물머리

▲ 두물머리 위치

'두물머리'는 두 물줄기가 만나는 곳이라고 해서 붙은 이름이에요. 여기서 두 물줄기는 북한강과 남한강을 말하는데 두 물줄기가 만나 하나로 합쳐져 한강이 시작되는 곳이지요. 이곳에서부터 한강이 흘러 서울을 가로질러 서해로 가요. 옛날에는 배가 오고 가던 나루터였지만 요즘에는 사용하지 않고 있어요. 강과 나루터가 아우러지는 경치가 매우 아름다워 많은 사람들이 좋아하는 곳이에요.

다음에는 탄천과 피맛골, 사방고개 같은 정보와 관련 이야기를 알려 드릴게요. 여러분이 사는 지역에는 어떤 정보와 이야기가 있나요?

#포은 #정몽주 #얼음골 #밀양 #두물머리 #양평 #지명 #옛이야기

**경기도 안성과 관련된 말 '안성맞춤'**
- 생각한 대로 잘된 물건을 비유적으로 이르는 말이다.
- 경기도 안성은 예로부터 놋그릇을 잘 만들기로 유명해 안성에서 놋그릇을 주문하면 맞춤 것처럼 딱 들어맞는다는 데서 유래한 말이다.

---

### 1 블로그 글을 읽고 온라인 대화 하기

## 읽고 보면 더 재미있어요

진우는 얼음골이라는 지명의 유래가 궁금해서 전국 곳곳에서 전해 내려오는 이야기나 지명과 관련된 내용을 소개하는 블로그를 찾아보았어요. 블로그를 읽고 온라인 대화창에 알맞은 내용을 써 보세요.

[지역 정보] 포은, 얼음골, 두물머리

🕐 새봄이 20○○.08.26 17:43

전국 곳곳에서 전해 내려오는 이야기나 지명과 관련된 내용을 소개하는 새봄이입니다. 먼저 소개할 내용은 바로 경기도 용인시와 관련 있는 이야기입니다.

경기도 용인시에도 '포은'이라는 이름을 많이 사용해요. 그렇다면 용인시에서는 '포은'이란 무엇과 관련한 이름일까요?

'포은'은 고려 말에 뛰어난 학자인 정몽주의 또 다른 이름입니다. 개경에 있던 포은 정몽주의 묘를 이장한 후 손들이 고향인 경상북도 영천으로 옮기던 도중 용인에서 포은이 있던 곳의 이름을 적은 깃발이 바람에 날아갔어요. 깃발이 날아간 곳을 찾아가 보니 땅이 넓고 햇빛이 잘 들어서 그곳에 포은 정몽주의 묘를 만들었다고 해요. 그래서 용인시에서는 포은대로, 포은 아트홀, 포은 문화재처럼 도로나 건물, 행사 이름에 '포은'이라는 이름을 넣어 정몽주의 업적을 기념하고, 고장도 널리 알리고 있어요.

▲ 정몽주 묘가 있는 위치

▲ 포은 문화제의 거리 행렬

▲ 포은 문화제 행사

확인 이 내용이 담긴 디지털 매체는 블 로 그 이다.

## 2 주차

### 활동 1

다음은 경기도 양평군 두물머리 지역의 지도입니다. 두물머리에서 합쳐지는 두 강의 이름을 빈칸에 알맞게 쓰세요.

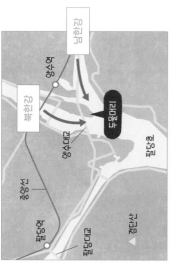

(북한강 / 남한강 / 양수역 / 양수대교 / 중앙선 / 팔당역 / 두물머리 / 팔당대교 / 팔당호 / 검단산)

**해설** 두물머리는 북한강과 남한강의 두 물줄기가 만나는 지역입니다. 두 물줄기 중 위쪽에서 내려오는 물줄기는 북한강, 옆쪽에서 흘러들어오는 물줄기는 남한강입니다.

### 활동 2

블로그에서 알게 된 내용을 바탕으로 하여 온라인 대화방에 밑줄 친 영음굴에 대한 내용을 써 보세요.

**해설** 블로그에서 알게 된 영음굴에 대한 내용을 정리하여 써 봅니다.

---

▲ 블로그의 내용으로 알맞은 것에 ○표를 하세요.

- 지역에 전해 내려오는 이야기나 지명과 관련된 정보를 알려 준다.
- 지역에서 유명한 특산물이나 맛있는 먹을거리에 대한 정보를 알려 준다.

**해설** 블로그에서는 지역에 전해 내려오는 이야기나 지명과 관련된 지명의 정보를 알려 주고 있습니다.

▲ 블로그에서 말한 장소와 관련 있는 내용을 선으로 이으세요.

- 영음굴 — 남한강과 북한강의 두 물줄기 만나는 곳
- 두물머리 — 한여름에도 냉기가 나오며 얼음이 어는 곳

**해설** 두물머리는 두 물줄기가 만나는 곳이라는 뜻이고, 영음굴은 얼음이 있는 굴짜리는 뜻입니다.

▲ 다음은 어느 지역과 관련 있는 이야기인지 찾아 ○표를 하세요.

개울에 있던 모은 정무주의 모를 추운들이 고향인 경상북도 영천으로 옮기던 도중 포으의 이름을 작은 지방이 바람에 날아갔다. 지방이 날아간 곳을 찾아가 보니 땅이 넓고 햇빛이 잘 들어서 그곳에 포은 정무주의 모를 만들었다고 한다.

( 경기도 용인시 / 경상남도 밀양시 / 경기도 양평군 )

**해설** 고려 말의 학자인 정무주의 모가 위치하고 있어서 경기도 용인시에서는 정무주의 업적을 기념하는 의미에서 정무주의 또 다른 이름인 '포은'을 자주 사용합니다.

## 5회 인물

### 2 블로그를 읽고 댓글 쓰기

# 원효대사의 깨달음

서울에는 '원효로'라는 길이 있어요. 원효로라는 이름의 유래가 된 신라의 원효는 어떤 인물일까요? 원효와 관련된 이야기를 쓴 블로그를 읽고, 원효가 한 일에 대한 생각을 맛글로 써 보세요.

[삼국 시대/인물]

내 블로그 | 이웃 블로그 | 블로그 홈 | 로그인

URL 보기

## 원효와 해골물

공부하는 역사 지킴이 20○○ 05 13 17:21

블로그를 보니 읽으려는 대 함은 신라의 대표적인 승려인 원효에 대해 알아보아요.
신라의 승려인 원효는 불교 공부를 하러 당나라에 가려고 떠났어요.
몇 날 며칠을 걸어 당나라로 가던 어느 날, 날이 어두워져 원효와 의상은 동굴에서 하룻밤을 지내게 되었어요. 잠을 자던 원효는 새벽녘에 목이 몹시 말라서 잠에서 깨어났어요. 너무 갈증에서 마실 것이 없나 느지 주위를 더듬던 원효는 바가지에 물이 담겨 있는 것을 발견하고는 벌컥벌컥 시원하게 물을 마시고 다시 잠이 들었지요. 그런데 날이 밝아 잠에서 깬 원효는 소스라치게 놀랐어요. 새벽에 그렇게 맛 있게 마신 물이 해골에 고인 썩은 물이었던 것이에요. 원효는 순간 깨달음을 얻었어요.
'물도 ㅇ깨끗하나 ㅎ늘이나 우리들이, 다르지 것 내 마음…아니라,
진리는 밖에 있는 것이 아니라 내 안에 있거늘……'

원효는 당나라로 가던 길을 멈추고 다시 신라로 돌아왔어요. 그 뒤 원효는 백성들이 불교를 잘 이해할 수 있 도록 쉽게 설명한 책을 만들고, 불교를 널리 알리는 데에 힘썼어요.

▲ 원효가 세운 상향사

확인 이 내용이 담긴 디지털 매체는 블 로 그 이다.

---

▲ 해골물을 먹은 원효가 깨달은 것에 ○표를 하세요.

| | |
|---|---|
| 진리는 내 안에 있다. | ○ |
| 당나라로 가는 길은 위험하다. | |
| 신라에서는 깨달음을 얻을 수 없다. | |

해설 자다가 깨서 맛있게 마신 물이 해골에 고인 썩은 물이 묻어있었다는 사실을 알게 된 원효는 진리는 밖에 있는 것이 아니라 자신의 마음속에 있다는 것을 깨달았습니다.

▲ 블로그를 읽고 알 수 있는 내용에 ○표를 하세요.

글쓴이가 관심 있는 주제가 (위인들의 삶, 친구들의 일상 )이라는 것을 알 수 있다.

해설 블로그를 읽으면 신라 시대 승려인 원효의 삶에 대해 알 수 있습니다.

활동 블로그를 읽고, 신라 시대의 승려인 원효가 한 일에 대한 생각을 정리해 써 보세요.

공감 5 | 댓글 3

예 원효는 불교의 가르침을 일반 백성에게 알리기 위해 노력한 인물이었어.

1000자 이내  등록

ㄴ 문화연혁 불교를 쉽게 설명한 책을 만든 것을 보니 원효는 정말 대단한 것 같아.
ㄴ 역사들이 해골물을 읽고 깨달음을 얻다니 원효는 참 대단한.
ㄴ 전년신라 원효는 일반적인 승려와는 다른 삶을 살았던 인물일이.

댓글 쓰기  댓글 달기

해설 블로그를 읽고 원효에 대한 자신의 생각을 댓글로 써 봅니다.

#### 당나라로 간 의상은?

당나라로 함께 떠났던 원효와 의상 중에서 원효는 중간에 다시 신라로 돌아갔 지만 의상은 당나라에 가서 불교 공부를 열심히 했다. 신라로 돌아온 의상은 부 석사 등 많은 절을 세우고 많은 제자들을 길러 냈다.

## 확인 문제 »

**1** 다음 설명에 알맞은 내용에 ○표를 하세요.

> 텔레비전 뉴스를 진행하기 위해 필요한 것은 (뉴스 방송 대본, 인터넷 게시판 )이다.

해설 텔레비전 뉴스의 내용을 정리한 것이 뉴스 방송 대본입니다.

**2** 다음과 같은 매체의 특징은 무엇인가요? ( ⑤ )

① 정확한 정보를 찾을 수 있다.
② 다른 사람과 실시간으로 대화할 수 있다.
③ 전하려는 내용을 줄임글로 표현할 수 있다.
④ 표정이나 행동을 알 수 없어서 오해가 생길 수 있다.
⑤ 그림과 인물의 대사로 내용을 효과적으로 전달할 수 있다.

해설 웹툰이 장면과 그림과 인물 대사로 내용을 전달합니다.

**3** 다음에서 설명하는 매체는 무엇인가요? ( ② )

• 직접 글을 쓰면서 생각이나 정보를 모아 둘 수 있다.
• 사진이나 음악, 영상 등을 활용하여 글을 쓸 수 있다.

① 광고　② 블로그　③ 뉴스 방송 대본
④ 스토리보드　⑤ 인터넷 백과사전

해설 블로그는 자신의 생각이나 정보를 직접 글로 써서 모아 둘 수 있는 매체입니다.

**4** 다음 매체에 대한 설명으로 알맞지 않은 것은 무엇인가요?
　　　　　　　　　　　　　　　　　　　( ④ )

① 대화의 중심 내용에 알맞게 답한다.
② 다른 사람과 사진을 주고받을 수 있다.
③ 다른 사람과 실시간으로 대화할 수 있다.
④ 정해진 시간에 전하려는 내용을 한꺼번에 알아야 한다.
⑤ 직접 만나지 않고 대화하더라도 예의를 지켜 말해야 한다.

해설 온라인 대화방은 실시간으로 대화를 주고받을 수 있기 때문에 정보를 주고받는 시간이 정해져 있지 않은 대화입니다.

---

## 확인 문제 »

**5** 다음 매체에 대한 설명으로 알맞은 것은 무엇인가요? ( ② )

> 화석
> **화석이란 뜻**
> 옛날에 살았던 생물의 몸이나 생물이 활동한 흔적 등이 남아 있는 것을 화석이라고 한다. 화석이 남아 있는 것은 오랜 시간이 지나도 변하지 않는 생물의 단단한 부분이 화석으로 만들어지기 쉽다.
> **화석이 만들어지는 과정**
> 생물이 죽으면 호수나 바다의 바닥에 쌓인다. 오랜 시간 동안 지층이 쌓이면서 생물도 함께 묻힌다. 그 속에 묻힌 생물은 화석이 되고, 지각 변동으로 드러난다.

① 다른 사람과 실시간 대화를 할 수 있다.
② 글이나 사진, 영상 등으로 정보를 제공한다.
③ 줄임말이나 유행어를 사용하여 대화를 주고받는다.
④ 글쓴이가 관심 있는 정보만 모아서 내용을 구성한다.
⑤ 다른 사람에게 전하고 싶은 생각이나 정보를 전달한다.

해설 인터넷 백과사전에서는 필요한 정보에 대한 설명이나 사진, 영상을 찾을 수 있습니다.

**6** 인터넷 게시판의 특징으로 알맞지 않은 것은 무엇인가요? ( ② )

① 여러 사람이 글쓰기에 참여할 수 있다.
② 다른 사람과 실시간 대화를 할 수 있다.
③ 댓글을 통해 읽는 사람의 생각을 전할 수 있다.
④ 사진이나 영상 등을 이용하여 내용을 쓸 수 있다.
⑤ 댓글을 통해 다른 사람과 정보를 주고받을 수 있다.

해설 다른 사람과 실시간으로 대화를 할 수 있는 것은 온라인 대화방입니다.

**7** 다음 설명에 알맞은 말에 ○표를 하세요.

> (광고, 댓글)은/는 인터넷 뉴스, 인터넷 게시판이나 블로그를 읽고 난 뒤, 글에 대한 생각이나 느낌, 하고 싶은 말을 짧은 글로 표현한 것이다.

해설 인터넷 뉴스나 인터넷 게시판, 블로그 등을 읽고 쓰는 댓글에 대한 설명입니다.

디지털 매체 학습으로 문해력 키우기

# '디지털독해가 문해력이다'

**디지털독해력**은 다양한 디지털 매체 속 정보를 읽어내는 힘입니다.

아이들이 접하는 디지털 매체는 매일 수많은 정보를 만들어 내기 때문에 디지털 매체 속 정보를 판단하는 문해력은 현대 사회의 필수 능력입니다.

《디지털독해가 문해력이다》로 교과서 내용을 중심으로 디지털 매체 속 정보를 확인하고 다양한 과제를 해결해 보세요.

# 3주차

# 정답과 해설

# 1회 생활

## 1 웹툰을 읽고 알맞은 인사말 하기

# 여러 나라의 인사말

웹툰 〈반갑다, 친구야〉에서는 세계 잼버리 대화에 참가한 친구들이 인사를 나누고 있어요. 각자 자기 나라의 인사말과 인사 방법으로 인사를 하네요. 여러분도 세계 여러 나라 친구들에게 우리나라의 인사말과 인사 방법으로 인사를 해 보세요.

〈세계 잼버리 대화〉

하이. (미국 친구)

잠보. (캐나 친구)

확인 이 내용이 담긴 디지털 매체는 웹 툰 이다.

여러 나라의 인사말과 인사 방법을 살펴볼까요?

**인도, 네팔**
두 손을 펴서 가슴 앞에서 맞대고 고개를 살짝 숙인다.
(나마스테.)

**프랑스**
서로 가볍게 안고 양 쪽 뺨을 번갈아 댄다.
(봉주르.)

**중국**
두 손을 가슴 앞에 모으고, 한 손으로 주먹을 쥐고 다른 손으로 주먹을 감싸며 인사한다.
(니하오.)

---

# 3 주차

▲ 각 나라의 인사말을 알맞게 선으로 이으세요.

미국 ── 잠보.
캐나 ── 하이.

해설 미국의 인사말은 "하이.", 캐나의 인사말은 "잠보."입니다.

▲ 다음은 어느 나라의 인사 방법인지 쓰세요. 답 프랑스

서로 가볍게 안고 양쪽 뺨을 번갈아 댄다.

해설 서로 안고 뺨을 번갈아 대는 것은 프랑스의 인사 방법입니다.

활동 세계 여러 나라 친구들에게 인사를 할 때 알맞은 우리나라의 인사말과 인사 방법을 써 보세요. '예'로 세계 여러 나라의 인사말과 인사 방법을 써 봅니다.

| 인사말 | 인사 방법 |
| --- | --- |
| 예 안녕? | 예 밝은 얼굴로 웃으며 한 손을 들어 인사한다. |

해설 세계 여러 나라 친구들에게 할 수 있는 우리나라의 인사말과 인사 방법을 써 봅니다.

### 세계 잼버리 대화

- 세계 각국의 청소년들이 모여 여러 국가, 종교, 인종을 넘어서서 국제 이해와 우애를 다지는 스카우트의 세계 야영대회로, '청소년의 올림픽'이라고 불린다.
- 잼버리는 '유쾌한 잔치', '즐거운 놀이'라는 뜻의 독일어로 인디언의 '시베아'라고도 말에서 유래되었다.
- 1920년 런던에서 처음으로 열렸고, 이후 4년마다 한 번씩 열린다.

| 장면 번호 | 장면 그림 | 대사와 해설 | 배경 음악 효과음 |
|---|---|---|---|
| 5 | | 해진이 다시 거실로 나온다.<br>해진: 지난 일에도 해림이인 그림 대회에서 상 탔었어요. 엄마 그때 해림이한테만 용돈 주신 거 다 알아요.<br>엄마: (머리를 긁적이며)아, 그건 약속을 했었던 일이잖니. 상 받으면 용돈 주기로…… 엄마는 네가 없던 기분이 상할 것 같아서 해림이만 있을 때 몰래 준 건데. | |
| 6 | | 해림: 아! 용돈 주신 건 엄마랑 나랑 둘만 아는 일인데? 너 지금 내 일기장 본 거야?<br>해진: 어떻게 알든 알든지 사실이잖아.<br>해림: (화를 내며) 뭐? 사실이면 남이 일기를 그렇게 맘대로 봐도 된다는 거야?<br>엄마: 그만해라. 그런데, 이러다 하얀데 늦겠다. 일단 길이 다녀와. | 깜짝 놀라는 느낌의 효과음 |
| 7 | | 해진: (가방을 내려놓으며) 엄마, 진짜 나는 오늘부터 미술 학 원 안 갈래요. 저는 이쪽에 소질이 없나 봐요. 이런 일 있을 때마다 해림이한테 늘 지는 것 같아서 기분 도 나빠요.<br>해림: (아무렇지 않게 한편으로 걸어) 엄마, 일단 저는 가요. 해진이 나는 모든 일을 맘대로 해!<br>해림은 나가 버린다. | |
| 8 | | 해진: (울음을 터뜨리며) 나보다 그림 잘 그리는 게 왜 대단한 일이라고 미술 선생님도 그래요. 생동이면 그림을 똑 같이 잘 그려야 하나요? 선생님께서 그럴 때마다 정 말 속상해요. (엄마를 바라보며) 엄마, 이제 저는 그림 말고 제가 더 잘할 수 있는 걸 찾아볼 거예요. 더 이 상 제가 비교되기 싫어요.<br>엄마: 그래, 지금까지 해진이가 속상했겠구나. | |
| 9 | | 풀이 죽은 해진이는 방으로 들어가고 엄마는 거실 소파에 앉아 생각에 잠긴다. | 무거운 느낌의 진지한 음악 |

**스토리보드란?**

• 영화나 드라마, 텔레비전 광고와 같은 영상물을 만들기 쉽도록 대본의 중요 장 면을 글과 그림으로 미리 정리해 놓은 것이다.
• 스토리보드에는 장면 번호, 장면 그림, 대사, 해설, 배경 음악, 효과음 등이 나 타나 있다.

---

2 스토리보드를 읽고 인물에게 문자 메시지 쓰기

**1회 생활**

# 쌍둥이라도 달라요

쌍둥이인 해림이와 해진이가 주인공인 드라마의 스토리보드예요.
각 장면의 대사와 해설을 보면서 인물의 마음을 짐작해 보고, 해진이에게 문자 메시 지를 써 보세요.

| 장면 번호 | 장면 그림 | 대사와 해설 | 배경 음악 효과음 |
|---|---|---|---|
| 1 | | 새들한 분위기가 감도는 집. 두 아이가 서로 못마땅한 표정으로 있다.<br>엄마: 너흴들 학원 안 가니? 그림 대회도 얼마 안 남았잖아.<br>해림: 엇, 깜박했어요. (방에서 가방을 챙겨 나오며) 빨리 가야겠다. | 불안한 느낌의 음악 |
| 2 | | 해진: 그림 대회에 꼭 나가야 해? 나는 아직까지 상도 못 받을 텐데.<br>해진이 휘둥아서 방 쪽으로 걸어간다. | 불안한 느낌의 음악 |
| 3 | | 엄마: 해진아, 그림 대회에 꼭 상을 받으러 나가는 건 아니잖니. 그림 대회 나가면서 경험도 넓히는 거지.<br>해림이가 현관에서 신발을 신고 있다.<br>해림: 엄마, 다녀올게요.<br>엄마: 해진이랑 같이 가. 너흴 둘 싸웠니? 해진이 왜 저러니? | |
| 4 | | 해림: (쩨쩨 나는 목소리로) 다 들려, 다 들려! 아예 동네방네 소문을 내 지 그래? 너는 마음에 소질이 있다는 칭찬도 많이 받고, 대회 에 나가면 상도 늘 타잖아. 그럴 때마다 쟤중 나, 내가 하려을 그만두겠다고 하면 어떡하나? 좀 더 생각해 보자.<br>엄마: 해진아, 그래도 이런 일로 갑자기 하려을 그만두겠다고 하면 어떡하니?좀 더 생각해 보자. | 불안한 느낌의 음악 |

확인 이 내용이 담긴 디지털 매체는 드라마 [스토리보드]이다.

**활동 1** 해진이에게 위로하는 마음을 전달할 수 있는 방법을 써 보세요.

예) 위로하는 내용의 편지를 쓴다.
문자 메시지로 위로의 말을 전한다.
전화를 걸어서 위로한다.

해설 해진이의 마음을 위로해 줄 수 있는 다양한 방법을 생각해 봅니다.

**활동 2** 내가 해진이였다면 다음 장면에서 어떤 기분이 들었을지 써 보세요.

미술 선생님이 해진이에게 해림이만큼 그림을 잘 그리지 않는다고 말하는 장면

예) 나는 정말 미술에 소질이 없다는 생각이 들 정도로 자존심이 상했을 것 같다.

해설 내가 해진이가 되어 인물의 마음을 짐작해 보고 기분을 떠올려 봅니다.

**활동 3** 해진이의 친구가 보낸 문자 메시지를 보고, 나도 해진이에게 해 주고 싶은 말을 문자 메시지로 써 보세요.

받는 사람: 해진
새로운 메시지
해진아, 미술 학원에서도, 집에서도 기분이 많이 상했지? 나라도 속상했을 것 같아. 그래도 문명 너가 더 잘할 수 있는 것이 있을 거야. 사람은 누구나 자신만의 장점이 있으니까 많이야.
힘내!

받는 사람: 해진
새로운 메시지
예) 해진아, 넘이 속상했지? 그런 말을 들었으면 나도 속상했을 거야. 그래도 해진이 너는 운동도 잘하고 노래도 잘 부르니까 미술이 아니어도 더 잘하는 것을 찾을 수 있을 거야.

해설 해진이에게 따뜻한 위로나 조언이 될 수 있는 말을 생각하여 써 봅니다.

---

▲ 스토리보드에 나타난 인물 사이의 갈등을 모두 골라 ○표를 하세요.

용돈을 독립이 주지 않은 엄마와 해진이의 갈등

미술 실력 때문에 자존심이 상한 해진이의 갈등

하원에 가는 시간이 달라서 화가 난 자매의 갈등

해설 스토리보드에는 미술 실력의 차이 때문에 생긴 쌍둥이 자매의 갈등과 엄마가 해림이에게만 용돈을 주어서 생긴 엄마와 해진이 사이의 갈등이 나타나 있습니다.

▲ 스토리보드의 특징을 모두 골라 기호를 쓰세요. 답 ㉯, ㉱

㉮ 서론, 본론, 결론의 짜임으로 내용이 이루어진다.
㉯ 어떤 물건에 대한 정보를 이해하기 쉽게 알려 준다.
㉰ 내용의 중요 장면을 글과 그림으로 미리 정리해 놓았다.
㉱ 장면 번호, 장면 그림, 효과음, 배경 음악 등이 나타나 있다.

해설 서론, 본론, 결론의 짜임으로 내용이 이루어지는 글은 논설문이고, 어떤 물건에 대한 정보를 이해하기 쉽게 알려 주는 글은 설명문이다.

▲ 스토리보드의 내용을 바탕으로 드라마를 촬영할 때 거실의 분위기를 알맞게 말한 친구에게 ○표를 하세요.

쓸쓸하면서 긴장감이 흐르는 분위기일 것 같아. ── 민준

다정하면서 즐거운 분위기가 느껴질 것 같아. ── 서연

해설 해진이와 해림이의 갈등 사이에서 쓸쓸하고 긴장된 분위기가 느껴집니다.

## 2회 과학

### 1 인터넷 뉴스를 읽고 댓글 쓰기

## 무인 항공기 드론

드론에 대한 인터넷 뉴스예요. 처음에는 군사용으로 만들어졌던 드론이 점점 발달하여 이제는 우리 생활에서 어떻게 사용되는지 인터넷 뉴스를 읽고 내용에 알맞은 댓글을 써 보세요.

NEWS | 과학 | 정치 | 스포츠 | TV 연예 | 날씨

**드론 어디까지 진화하나**

기사 입력 20○○-11-11 11:32:00

[ETS뉴스 강한솔기자] 최근 드라마나 예능에서 자주 등장하는 드론, 일반인의 관심이 높아지고 있다.
드론은 군사용 무인 항공기로 개발되었는데, 이 작은 무인 항공기에서 나는 소리가 마치 벌이 응응거리는 소리와 비슷하여 '응응거리는 소리'라는 뜻의 드론이라는 이름이 붙여졌다.

▲ 물건을 배달하는 드론

▲ 의료용품을 옮기는 드론

▲ 농작물 뿌리는 드론

드론은 카메라, 센서, 통신 시스템을 갖추고 있으며, 25 g부터 1200 kg까지 그 크기와 무게도 다양하다.
드론은 사람이 타지 않고 이동하기 때문에 한 번에 산야 지역과 같은 사람이 직접 가기 어려운 곳도 갈 수 있다.
좁은 공간에서 위아래로 오르내릴 수 있기 때문에 빌딩이 많은 도시에서도 비행을 할 수 있다는 장점이 있다.
드론이 성능이 점점 발달하면서 그 쓰임새도 달라졌다. 방송용으로 사용할 때는 높이 올라 전체 장면을 촬영할 수 있고, 택배용으로 사용할 때는 물건을 정확한 장소에 배달할 수 있다. 그밖에 사람이 직접 가기 어려운 장소에 의료용품 전달 때나 농약을 뿌리거나 씨를 뿌릴 때도 드론을 사용한다.
이처럼 드론은 이미 여러 분야에서 활용되고 있지만 앞으로 더 많은 분야에서 활용될 전망이다.

♡공감5 ∨  ⬚ 댓글3 ∨

ㄴ**담이낭아** 우리 집에서도 드론으로 택배를 받아 보았으면 좋겠어요.

ㄴ**초록지우개** 드론을 활용할 수 있는 곳이 않구나!

ㄴ**동그라미** 드론은 좋은 점도 있지만 불편한 점도 있는 거 같아요.

확인 이 내용이 담긴 디지털 매체는 인터넷 [뉴] [스] 이다.

---

▲ 인터넷 뉴스의 주제에 ○표를 하세요.

물건 배달이 점점 늘어지는 이유  ⬚

무인 항공기 드론의 장점과 쓰임새  ◉

해설 인터넷 뉴스의 주제는 무인 항공기인 드론의 장점과 쓰임새입니다.

▲ 인터넷 뉴스의 특징을 모두 골라 기호를 쓰세요. 답 ㉮, ㉰

㉮ 인터넷 뉴스에는 댓글을 쓸 수 있다.
㉯ 기사를 쓴 기자의 이름을 알 수 없다.
㉰ 인터넷에 기사를 올린 전송 시간을 알 수 있다.

해설 인터넷 뉴스는 인터넷에 기사를 올린 전송 시간이 표시되며, 기사를 쓴 기자의 이름도 알려 줍니다. 그리고 인터넷 뉴스에 대한 댓글을 쓸 수 있습니다.

활동 드론에 대한 인터넷 뉴스를 다시 읽고 댓글을 써 보세요.

3개의 댓글

현재 댓글 3  |  작성자 삭제 0  |  규정 미준수 0

나의 작성 댓글 >

댓글 작성하기

예 드론으로 물건을 배달하면, 하늘에서 드론끼리 부딪치는 걱정이 되어요. 택배용 드론을 활성화하기 전에 교통안전 문제를 먼저 점검해 주세요.

☺
0/300

등록

해설 인터넷 뉴스의 내용에 알맞은 댓글을 써 봅니다.

**인터넷 뉴스의 특징**
• 기사를 올린 전송 시간을 알 수 있으며, 기사 내용을 수정할 수가 있다.
• 기사에 공감하는 표현을 하거나 댓글을 쓸 수 있다.
• 기사를 출력할 수도 있고, 다른 사람과 공유할 수도 있다.

# 3주차

독똑 백과사전
사전 소개 | 연표

## 반려 햄스터 기우기

**반려 햄스터**
사람들이 마음을 편안하게 하기 위해 반려동물로 기우는 햄스터를 말한다.

**반려 햄스터 고르기**
성격이 순한 골든 햄스터나 몸집이 작은 굿부트너스키 햄스터가 인기가 많다. 캠벨 햄스터나 차이니즈 햄스터는 까다로운 성격이어서 반려동물로는 잘 기우지 않는다.

**햄스터 사육장 꾸미기**
다음과 같은 용품으로 햄스터 사육장을 만들어 줄 수 있다. 쳇바퀴는 햄스터가 운동을 하는 데 필요하고, 작은 은신처는 햄스터가 숨어서 쉬면서 스트레스를 줄이기 위해 필요하다.

〈준비물〉
▲ 쳇바퀴  ▲ 화장실  ▲ 밥그릇  ▲ 은신처  ▲ 급수기  ▲ 사육장

## 반려 햄스터를 기를 때 주의할 점

❶ 서서히 길들인다.
햄스터는 집이 낮아서 처음부터 손으로 쓰다듬으려고 하면 손을 물거나 도망간다. 그래서 처음 며칠 동안은 간식을 햄스터에게 주면서 서서히 친해져야 한다. 여러차부터 잠들면시기면 손에 햄스터를 올려서 안을 수도 있다.

❷ 사육장의 문을 잘 닫는다.
성격은 온순하지만 자주 도망가려고 하므로 평소에 사육장 문을 잘 닫아 두어야 한다.

❸ 온도를 알맞게 맞춘다.
추위에 악하기 때문에 봄, 가을, 겨울에 알맞은 온도를 유지해야 한다.

❹ 물로 목욕을 시키지 않는다.
햄스터를 물로 목욕을 시키면 스트레스를 많이 받이 반드시. 그리고 귀나 페에 물이 들어가면 병이 생길 수 있으므로 물로 목욕을 시키지 않는다.

**골든 햄스터가 사막에 살인 동물이라고?**
골든 햄스터는 시리아의 사막 지역에서 처음 발견되었는데 작고 키우기가 쉬워다. 새끼를 낳는 기간도 짧아서 연구실에서 실험용 동물로 있다가 집으로 데려와 기우는 되면서 반려동물이 되었다. 하지만 사막에 계속 살던 야생 골든 햄스터는 자연 환경이 변화와 환경 오염 등으로 멸종 위기에 처했다.

---

## 2회 과학

### 2 웹툰과 인터넷 백과사전을 읽고 인터넷 게시판에 댓글 쓰기

# 햄스터를 기워요

요즘에는 반려동물로 개, 고양이, 새 등을 많이 기우는데 그중에서 햄스터에 대해서 알아보려고 해요. 웹툰과 인터넷 백과사전에서 반려 햄스터에 대해 알아보고 인터넷 게시판에 댓글을 써 보세요.

**반려 햄스터를 만나러 가요**

**햄스터의 여러 가지 특징**

 햄스터는 몸집이 작다. 가장 많이 기우는 골든 햄스터는 12~17 cm 정도이고, 굿부트너스키 햄스터는 더 작다.

 햄스터는 옥수수, 해바라기씨 같은 곡물을 주로 먹지만 가끔 귀뚜라미나 메뚜기 같은 곤충을 먹이도 한다.

 햄스터는 주로 밤에 활동하고, 겁이 많아서 감자기 만지거나 하면 물기도 하므로 조심스럽게 다루어야 한다.

 햄스터는 추위에 악하다. 더운 지역에 살던 동물이어서 추위를 잘 견디지 못하므로 따뜻한 곳에서 키워야 한다.

확인 ▶ 이 내용이 담긴 디지털 매체는 웹툰과 인터넷 백 과 사 전 이다.

**활동 1** 인터넷 백과사전을 읽고 햄스터를 기를 때 주의할 점을 정리해 보세요.

| 길들이기 | 사육장 관리 |
|---|---|
| 며칠 동안 인식술 주면서 천천히 친해 져야 한다. | 예) 햄스터는 사육장에서 자주 도망가 려고 하므로 사육장 문을 잘 닫아 두어야 한다. |

| 실내 온도 | 목욕하기 |
|---|---|
| 추위에 약하기 때문에 봄, 가을, 겨울 에 알맞은 온도를 유지해야 한다. | 예) 물로 목욕을 시키면 스트레스를 받고, 귀나 폐에 병이 생길 수 있 으므로 물로 목욕을 시키지 않는 다. |

해설 인터넷 백과사전의 내용을 바탕으로 주의할 점을 정리해 봅니다.

**활동 2** 정리한 내용을 바탕으로 인터넷 Q&A 게시판에 올려진 질문에 알맞은 답글을 써 보세요.

독독In

Q 햄스터를 집에서 키우고 싶어요. 햄스터를 기를 때 주의할 점에는 어떤 것이 있나요?

A 예) 햄스터를 기를 때 가장 중요한 것은 스트레스를 받지 않게 하는 일이에요. 스 트레스를 받으면 이를 수도 있기 때문이에요. 또 햄스터는 겁이 많아서 사람이 함부로 만지면 스트레스를 받아서 사람을 물기도 하고 도망갈 수도 있어 요. 그래서 천천히 친해져야 해요. 그리고 물로 목욕을 시키면 스트레스를 받 을 수 있으므로 하지 많아야 해요.

🔍 1:1
답어보기
...

해설 인터넷 백과사전을 읽고 정리한 내용을 바탕으로 햄스터를 기를 때 주의할 점을 답글로 써 봅니다.

---

▲ 인터넷 백과사전의 내용으로 알맞은 것에 ○표를 하세요.

반려 물고기  반려 거북이  반려 햄스터

해설 인터넷 백과사전은 반려 햄스터에 대한 정보를 설명하고 있습니다.

▲ 반려 햄스터에 대한 설명으로 알맞은 것을 모두 골라 기호를 쓰세요. 답 ㉯, ㉰

㉮ 더위와 추위에 강하다.
㉯ 몸집이 작고, 밤에 주로 활동한다.
㉰ 먹수가, 해바라기씨 같은 곡물을 먹는다.
㉱ 물에서 헤엄치며 장난치는 것을 좋아한다.

해설 햄스터는 추위에 약하고 물을 좋아하지 않습니다.

▲ 햄스터 사육장을 꾸릴 때 필요한 용품에 모두 ○표를 하세요.

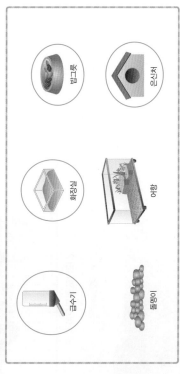

급수기  돌멩이  화장실  어항  밥그릇  은신처

해설 동물이나 어항은 햄스터를 기를 때 필요한 용품이 아닙니다. 햄스터는 스트레스를 받을 때 조용히 쉴 곳이 필요하므로 은신처를 준비해 주어야 합니다.

## 3회 인물
# 신사임당 다시 보기

**1** 블로그를 읽고 인터넷 게시판에 소개하는 글 쓰기

신사임당이 현모양처이기 이전에 천재 화가로 유명했다는 사실을 알고 있나요? 민서는 예술가로서의 신사임당이 궁금해서 블로그를 찾아보았어요. 블로그의 글을 읽고, 인터넷 게시판에 신사임당에 대해 소개하는 글을 써 보세요.

**블로그**

[인물 다시 보기]
### 조선의 천재 화가, 신사임당

꿈꾸는 크레파스   20○○.09.16 16:45

▲ <초충도>

1504년 강원도 강릉의 한 양반가에서 다섯 딸 중 둘째로 태어나 시와 글씨, 그림에 남다른 재능을 보인 신사임당.
그러나 그 시대는 여자에게 기회가 없던 때였다. 딸의 재능이 안타까웠던 아버지 신사임당은 그림을 좋아하는 딸을 위해 당시 최고의 화가였던 안견의 산수화를 어렵게 구해 주었다. 그림을 받은 어린 사임당은 스승 없이 이 한 장의 그림을 그렸다.
그러던 어느 날 사임당에게 궁금한 점이 생겼다.
"아버지, 아무래도 제가 본 그림들은 중국 그림을 따라 그린 것 같아요."
"왜 그러니?"
"오늘 생선 장수가 소가지를 가지고 왔는데 그림으로 본 것과 달랐어요. 그래서 생선 장수에게 물어보니 그림이 쓰기라는 우리나라 것이 아니라 중국 것이라고 하였어요. 저는 이제부터 제가 직접 본 것들을 그대로 그릴 거예요."
그때부터 사임당은 자신의 눈에 보이는 담장 안의 세상을 그대로 그렸다. 바로 집 안의 작은 세상이지만 섬세하게 그려진 풀과 나비, 방아깨비와 같은 벌레나 들쥐, 개구리와 같은 동물들은 먼저 주인공이 되어 주었다. 사임당은 이렇게 완성된 사실적이면서도 섬세한 표현을 하는 자신만의 그림 세계를 이루었다.

하지만 아들 이율곡이 유명해지자 사람들은 신사임당을 천재 화가보다는 그림 잘 그리는 어머니로 부르기 시작했다. 그리고 그녀는 현모양처의 상징이 되었다. 그러나 신사임당의 일생을 돌아보면, 그녀...

확인 이 내용이 담긴 디지털 매체는 [블] [로] [그] 이다.

---

▲ 신사임당에 대한 설명으로 알맞은 것을 모두 골라 ○표를 하세요.

조선의 화가인 이율곡의 어머니이다.  ○

조선 시대 최고의 화가인 안견의 제자였다.  

<초충도>를 통해 자신만의 그림 세계를 이루었다.  ○

해설 신사임당이 아버지가 구해 준 그림이 안견의 산수화이기는 했지만 신사임당이 안견의 제자였던 것은 아닙니다.

▲ <초충도>에 그려져 있는 소재를 모두 골라 기호를 쓰세요. [답] ㉮, ㉯, ㉱

㉮ 풀   ㉯ 나비   ㉰ 사과
㉱ 방아깨비와 같은 벌레나 들쥐, 개구리와 같은 동물들
㉲ 들쥐   ㉳ 청소

해설 <초충도>에는 풀과 나비, 방아깨비와 같은 벌레나 들쥐, 개구리와 같은 동물들이 그려져 있습니다.

활동 인터넷 게시판에 신사임당에 대한 글을 쓰려고 해요. 블로그에서 알게 된 내용을 바탕으로 신사임당을 소개하는 글을 써 보세요.

**자유 게시판**

[예] 사실적이면서도 섬세한 그림을 그린 화가, 신사임당

㉮ 그동안 '신사임당' 하면 떠오르는 것은 이율곡의 어머니, 현모양처였다. 그러나 이것은 신사임당을 분명하게 소개하는 말이 아니다. 신사임당은 자연을 사실적이면서도 섬세하게 표현하는 화가였다. <초충도>만 보더라도 화가로서 신사임당이 얼마나 훌륭한 그림 솜씨였는지 알 수 있다. 이제 현모양처, 이율곡의 어머니가 아닌 화가 신사임당으로 기억해야겠다.

등록일: 20○○.○○.○○  |  조회: 0

해설 블로그에서 신사임당에 대해 알게 된 내용을 중심으로 신사임당을 소개하는 글을 써 봅니다.

**<초충도>란?**

신사임당의 <초충도>는 여덟 폭의 병풍에 그려져 있는 그림으로, <수박과 들쥐>, <가지와 방아깨비>, <오이와 개구리>, <양귀비와 도마뱀> 등이 있다. 생활 주변에서 쉽게 볼 수 있는 풀과 벌레와 동물을 그린 이 작품들은 주변의 작은 것에도 관심을 가졌던 조선 시대 사람들의 자연을 사랑하는 마음을 보여 준다.

## 인터넷 학습 게시판에 진호가 쓴 글의 내용을 찾아 ○표를 하세요.

| 멕시코 민요 〈란쿠카라차〉 | 멕시코 사람들의 생활 습관 | 멕시코에 가는 방법 |

해설 진호는 멕시코 민요인 〈란쿠카라차〉에 대해 글을 씁니다.

## 진호가 인터넷 학습 게시판에 글을 쓴 까닭을 골라 기호를 쓰세요.

㉮ 친구들에게 좋아하는 노래를 들려주고 싶어서
㉯ 자신이 알게 된 내용을 친구들에게 알려 주고 싶어서
㉰ 자신이 알고 있는 것이 사실이 맞는지 확인하고 싶어서

해설 진호는 새로 알게 된 내용을 친구들에게 알려 주고 싶어서 글을 씁니다. ( ㉯ )

활동 진호의 글과 친구들의 댓글을 읽고 〈란쿠카라차〉에 대한 생각을 댓글로 써 보세요.

✎ 댓글    댓글 닫기

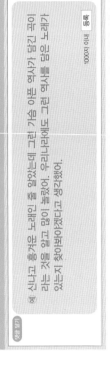

예 신나고 흥겨운 노래인 줄 알았는데 그런 가슴 아픈 역사가 담긴 곡이라는 것을 알고 많이 놀랐어. 우리나라에도 그런 역사를 담은 노래가 있는지 찾아봐야겠다고 생각했어.

1000자 이내

[등록]

해설 인터넷 게시판에 댓글을 쓸 때는 글쓴이가 쓴 내용에 대한 자신의 생각이나 느낌을 간단하게 써 봅니다.

### 세계 여러 나라의 민요

나라마다 그 나라만의 문화나 역사를 담은 민요가 있다. 우리나라에는 우리 민족의 정서를 담은 〈아리랑〉이 있고, 중국에는 아름답고 향기가 좋은 모리화를 노래한 〈모리화〉가 있다. 또 미국에는 빠르게 변하면서 발전했던 1800년대 미국의 역사를 담은 〈클레멘타인〉이 있다.

---

## 2 인터넷 게시판을 읽고 댓글 쓰기

# 멕시코 민요, 란쿠카라차

멕시코 민요인 〈란쿠카라차〉를 들어 본 적 있나요? 진호가 텔레비전 방송에서 〈란쿠카라차〉에 대한 내용을 보고 인터넷 학습 게시판에 글을 썼어요. 진호의 글을 읽고, 〈란쿠카라차〉에 대해 드는 생각을 댓글로 써 보세요.

**자유 게시판**

4학년 > 2반 > 자유 게시판

### 〈란쿠카라차〉에 담긴 슬픈 역사

작성자 손진호   작성일 | 20○○.08.09. 10:40    조회: 4

애들아, 알려 주고 싶은 것이 있어.
내가 요즘 텔레비전에서 다큐멘터리 프로그램을 자주 보거든. 그런데 마침 우리가 아는 노래가 다큐멘터리 주제로 나왔더라.

3월 봄꽃 활동 시간에 멕시코 민요 〈란쿠카라차〉에 맞춰서 율동했던 거 기억나니? 멕시코 사람들이 율동을 즐겨 불렀던 노래가 다큐멘터리 주제로 나온 거야. 우리가 듣고 신나게 춤췄던 이 민요가 사실은 슬픈 역사에 기반하고 살기 힘들었던 멕시코 사람들의 슬픈 마음을 담은 노래였던 것을 알게 되었어.

'란쿠카라차'는 많은 스페인어로 바퀴벌레를 뜻하는데. 멕시코 사람들이 자신들을 어려운 환경에서도 끈질기게 살아남는 바퀴벌레에 빗대어 노래로 표현한 거지. 우리가 신나게 율동을 췄던 그 노래가 멕시코의 슬픈 역사가 담긴 곡이었다니...... 당시 멕시코 사람들이 〈란쿠카라차〉를 함께 부르면서 힘을 얻었다고 해. 이렇게 바퀴벌레에 빗대어 노래로 표현한 바퀴벌레에도 끈질긴 힘을 얻었다고 해.

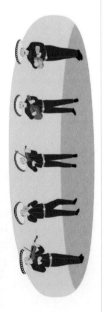

노래에도 한 나라의 역사가 담겨 있다는 사실이 놀랍지 않니?

댓글 2 |   공감 3 | ❤

└ 은결 〈란쿠카라차〉가 슬픈 노래였다니!
└ 두준 멕시코 사람들이 자신의 힘든 상황을 신나는 음악으로 표현했다는 것이 너무 슬퍼.
└ 진우 우리나라의 아리랑 같은 노래구나. 아리랑도 우리 조상들이 널리 즐겨 불렀던 노래인데.

확인 이 내용이 담긴 디지털 매체는 인터넷 [게] [시] [판] 이다.

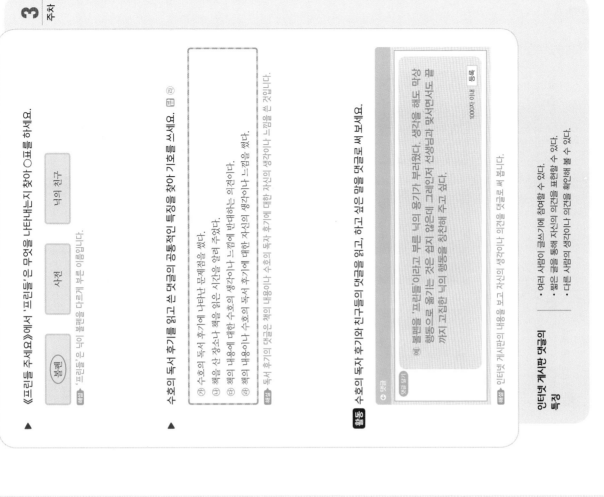

《프린들 주세요》에서 '프린들'은 무엇을 나타내는지 찾아 ○표를 하세요.

| 볼펜 | 사전 | 나의 친구 |

해설 '프린들'은 나의 볼펜을 다르게 부른 이름입니다.

▲ 수호의 독서 후기를 읽고 쓴 댓글의 공통적인 특징을 찾아 기호를 쓰세요. 답 ㉺

㉮ 수호의 독서 후기에 나타난 문제점을 썼다.
㉯ 책을 산 장소나 책을 읽은 시간을 알려 주었다.
㉰ 책의 내용에 대한 수호의 생각이나 느낌에 반대하는 의견이다.
㉱ 책의 내용이나 수호의 독서 후기에 대한 자신의 생각이나 느낌을 썼다.

해설 독서 후기에 댓글은 책의 내용이나 수호의 독서 후기에 대한 자신의 생각이나 느낌을 쓴 것입니다.

활동 수호의 독서 후기와 친구들의 댓글을 읽고, 하고 싶은 말을 댓글로 써 보세요.

💬 댓글 달기

예 볼펜을 '프린들'이라고 부른 닉의 용기가 부러웠다. 생각을 해도 막상 행동으로 옮기는 것은 쉽지 않은데 그레인저 선생님과 맞서면서도 끝까지 고집한 닉의 행동을 칭찬해 주고 싶다.

1000자 이내   등록

해설 인터넷 게시판의 내용을 보고 자신의 생각이나 의견을 댓글로 써 봅니다.

인터넷 게시판 댓글의 특징
• 여러 사람이 글쓰기에 참여할 수 있다.
• 짧은 글을 통해 자신의 의견을 표현할 수 있다.
• 다른 사람의 생각이나 의견을 확인해 볼 수 있다.

---

**4회** 생활

**1** 인터넷 게시판글을 읽고 댓글 쓰기

# 용기 있는 영웅함

담임 선생님의 추천으로 《프린들 주세요》를 감명 깊게 읽은 수호는 인터넷 게시판에 책을 읽고 든 생각이나 느낌을 썼어요. 수호의 독서 후기와 친구들의 댓글을 읽고, 하고 싶은 말을 댓글로 써 보세요.

독서 후기

🏠 국어 도서 > 어린이 > 독서 후기

[프린들 주세요] **용기 있는 영웅함**

🧑 수호신  20○○.03.09 16:40

평점 ★★★★★  🖨 인쇄

저는 후기심이 많은 아이입니다. 가끔 영웅한 행동을 해서 친구들에게 놀림을 받기도 하고 어른들에게 혼나기도 합니다. 지난주에 선생님께서 지에게 이 책을 읽고 독서 감상문을 써 오라고 하셨습니다. 중간 정도까지 읽으니 선생님께서 왜 이 책을 지에게 소개해 주셨는지 쉽게 알게 됐습니다.

영웅한 생각을 많이 하는 소년 닉은 어느 날 사전에 대해 배우다가 새로운 낱말이 어떤 과정으로 생겨나는지에 대해 알게 됩니다. 그러다가 누군가 특득 새로운 낱말을 만들어 내고 싶다고 생각하고 닉은 '프린들'이라고 부르기 시작합니다. 하지만 국어 담임인 그레인저 선생님과 여러 가지 사건들을 겪으면서 닉은 더욱 기발하고 창의적인 생각을 하고 그것을 행동으로 옮깁니다. 물론 그레인저 선생님의 도움을 받았지만요.

지도 평소에 영웅한 행동을 자주 하는 사람은 《프린들 주세요》에 나오는 닉과 그레인저 선생님 같습니다. 그것을 누군가 불편하게 보고, 또 다른 누군가는 참의적이라고 칭찬해 줍니다. 저와 저를 칭찬해 주는 사람은 이 책에 나오는 것이고 그것을 불편하게 보는 사람은 닉의 용기가 있는 것이라고 생각합니다. 정말 용기심이 많다는 것이 사람들에게 부담됩니다. 용기심으로 시작한 영웅한 행동을 "왜 저러지?"라고 하지 않고 "그 럴 수도 있겠구나."라는 시선으로 바라봐 주었으면 합니다.

💬 댓글 2 ∨ ∧   [댓글 5 ∨ ∧]

ㄴ **배구소녀** 저는 이 책을 읽고 사람들이 쓰는 낱말은 사회적 약속이기 때문에 그 뜻을 함부로 바꾸면 안 된다고 생각했어요. 그런 제가 틀에 갇힌 사람일까요?

ㄴ **책이홍아** 닉의 생각을 넣을 수 있게 도와주신 그레인저 선생님은 좋은 선생님이에요. 제 곁에도 그레인저 선생님 같은 어른이 있었으면 좋겠어요.

확인 이 내용이 담긴 디지털 매체는 인터넷 [게] [시] [판]이다.

정답과 해설 42쪽

## 3 주차

### 집단 생활의 기초, 꿀벌

여왕벌을 중심으로 집단 생활을 하는 꿀벌도 개미처럼 모두 역할이 정해져 있다. 여왕벌은 짝짓기를 하며 알을 낳는 일을 하고, 수벌은 짝짓기하는 일을 한다. 일벌은 꿀을 모으는 일, 집을 지키는 일, 여왕벌이 낳은 알을 기르는 일 등을 한다.

여왕벌이 낳은 알에서 나온 새끼가 자라 새 여왕벌이 되면 원래의 여왕벌은 일부를 데리고 다른 곳으로 옮겨서 벌집을 새로 만든다. 새로운 장소를 정할 때는 몇 마리의 벌들이 앞장서 장소를 찾아보게 하고, 그 장소를 다른 벌들이 찬성하면 옮길 수 있다.

▲ 벌집과 어린 벌

▲ 꿀을 모으는 일벌

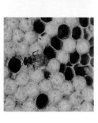
▲ 일하는 일벌

### 무리를 지키는 동물, 미어캣

사막과 같은 건조한 지역에 사는 미어캣도 무리 지어 생활하는 동물이다. 사막의 밤이 되면 갑자기 추워지기 때문에 미어캣은 낮에 최대한 체온을 높이기 위해 무리를 지어 햇볕을 쬔다.

이때 서로 번갈아 가면서 보초를 서는데 보초를 서는 시간은 미어캣마다 다르다. 보통 나이가 많은 수컷, 나이가 많은 암컷, 우두머리, 젊은 암컷이나 수컷의 순서로 보초를 서는 시간이 길다. 어린 미어캣은 보초를 서지 않으며, 암컷 중에서도 계급이 낮은 암컷은 새끼들을 돌보는 역할을 한다.

▲ 보초를 서는 미어캣

▲ 어린 미어캣

### 동물들이 무리 지어 사는 까닭

- 자신들이 생활하는 곳을 다른 동물에게 빼앗기지 않기 위해서이다.
- 자신들을 잡아먹는 힘이 센 동물로부터 가족을 지키기 위해서이다.
- 무리를 지어 다니면 먹잇감을 쉽게 찾을 수 있기 때문이다.

---

### 4회 과학

## 2 블로그 글을 읽고 내용 요약하기
## 무리 지어 사는 동물

동물을 좋아하는 윤준이는 장래 희망이 수의사예요. 그래서 동물에 대한 책도 많이 읽고, 동물원에도 자주 가면서 알게 된 내용을 블로그 글로 썼어요. 윤준이가 블로그에 쓴 글을 읽고 중요 내용을 요약해 보세요.

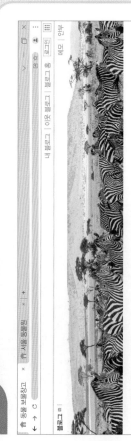

블로그 보물창고
🏠 동물 보물창고  × ↶ ↷ ⟳
URL 복사

김윤준 20○○.10.10. 16:45

### 무리 지어 사는 동물

우리 집은 아빠, 엄마, 형, 나, 네 명이 집안일을 서로 나누어서 한다. 아빠는 맛있는 음식을 만들어 주시고, 엄마는 청소를 하시고, 형과 나는 재활용 쓰레기 분리배출을 한다. 동물 중에도 우리 가족처럼 서로 일을 나누어 하며 무리를 지어 사는 동물이 있다.

개미와 꿀벌 같은 곤충들은 평생 무리를 지어 산다. 그리고 육지에 사는 동물 중에는 미어캣이, 바다에 사는 동물 중에는 돌고래 등이 무리를 지어 사는 것으로 알려져 있다. 하늘을 나는 동물 중에는 기러기, 청둥오리 등이 떼에 따라 무리를 짓기도 한다.

### 하는 일이 정해져 있는 동물, 개미

땅속이나 썩은 나무 속에서 사는 개미는 각자 하는 일이 정해져 있다. 여왕개미는 알을 낳는 일을 한다. 여왕개미와 짝짓기하는 일을 한다. 일개미는 집을 지키고, 먹이를 구하고, 여왕개미가 낳은 알을 돌보는 등의 일을 한다.

▲ 개미집

▲ 먹이를 옮기는 일개미

▲ 알과 번데기를 돌보는 일개미

확인 이 내용이 담긴 디지털 매체는 블 로 그 이다.

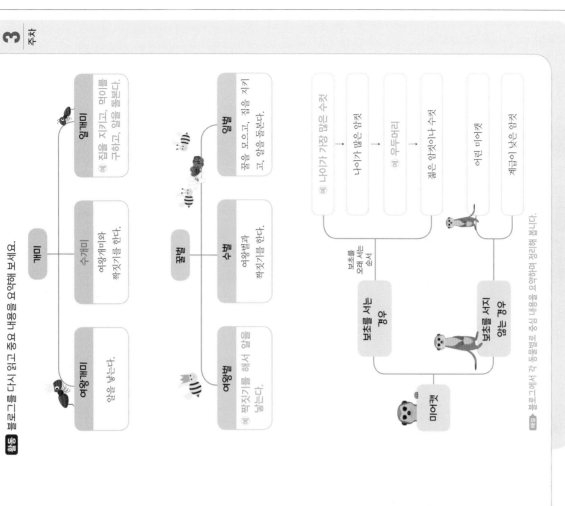

**활동** 블로그를 다시 읽고 중요 내용을 요약해 보세요.

**개미**

| 일개미 | 수개미 | 여왕개미 |
|---|---|---|
| 예) 집을 지키고, 먹이를 구하고, 알을 돌본다. | 여왕개미와 짝짓기를 한다. | 알을 낳는다. |

**꿀벌**

| 일벌 | 수벌 | 여왕벌 |
|---|---|---|
| 꿀을 모으고, 집을 지키고, 알을 돌본다. | 여왕벌과 짝짓기를 한다. | 예) 짝짓기를 해서 알을 낳는다. |

**미어캣**

보초를 서는 경우
- 예) 나이가 가장 많은 수컷
- 나이가 많은 암컷
- 예) 우두머리

보초를 서지 않는 경우
- 젊은 암컷이나 수컷
- 어린 미어캣
- 계급이 낮은 암컷

보초를 오래 서는 순서

해설 블로그에서 가 동물별로 중심 내용을 요약하여 정리해 봅니다.

---

▲ 알맞은 내용에 ○표를 하세요.

원준이가 쓴 블로그는 (혼자 사는 동물, (무리 지어 사는 동물), 우리 지역에 사는 동물)에 대한 내용이다.

해설 블로그에서는 개미, 꿀벌, 미어캣과 같은 무리 지어 사는 동물에 대해 설명하고 있습니다.

▲ 블로그의 내용으로 알맞은 것에 모두 ○표를 하세요.

꿀벌이나 개미는 무리를 지어 산다. ( ○ )

하늘을 나는 동물 중 기러기와 청둥오리는 평생 무리를 지어 산다. ( □ )

미어캣은 낮에 최대한 체온을 높이기 위해 무리를 지어 햇볕을 쬔다. ( ○ )

해설 기러기와 청둥오리는 때에 따라 무리를 짓습니다.

▲ 꿀벌의 특징을 모두 골라 기호를 쓰세요. 답 ㉯, ㉺

㉮ 집단 생활에서 같은 일을 더 함께 나누어서 한다.
㉯ 수벌은 꿀을 모으고, 집을 지키고, 알을 키우는 일을 한다.
㉰ 여왕벌이 장소를 이동할 때는 벌들 보내 미리 새로운 집을 찾아보게 한다.
㉱ 한 집단에서 여왕벌이 새로 생기면 새 여왕벌은 다른 곳으로 가서 벌집을 만든다.
㉲ 여왕벌이 장소를 옮길 때는 새로운 장소를 다른 벌들이 찬성을 해야 이동할 수 있다.

해설 꿀벌은 집단 생활에서 모두 역할이 정해져 있는데 꿀을 모으고, 집을 지키고, 알을 키우는 일은 일벌이 합니다. 한 집단에서 여왕벌이 새로 생기면 원래의 여왕벌은 다른 곳으로 옮겨 벌집을 새로 만듭니다.

# 5회
문화

## 1 인터넷 게시판을 읽고 댓글 쓰기

# 우리 조상들의 여름나기

승재는 인터넷 게시판에서 '우리 조상들의 여름나기' 온라인 전시회를 관람했어요.
온라인 전시회가 끝나고 나니 깜짝 퀴즈가 나왔어요.
온라인 전시회에서 본 내용을 바탕으로 깜짝 퀴즈를 맞추어 보세요.

조상들의 생활

**우리 조상들의 여름나기**

제1전시관 어떤 음식을 먹었을까?
제2전시관 어떤 옷을 입었을까?
제3전시관 어떤 물건을 사용했을까?

냉장고도 에어컨도 없던 옛날, 우리 조상들은 어떻게 무더위를 이겨 냈을까요?
조상들이 여름에 사용했던 물건을 살펴보며, 조상들의 지혜를 배워 봅시다.

**이름: 부채**
쓰임: 손으로 부쳐서 바람을 일으키는 도구
상세 설명: 둥근 모체 아래께 자루가 달린 모양으로, 부채의 양쪽 면을 해, 구름, 바위 등으로 꾸몄습니다.

▲ 부채

**이름: 등등거리와 등토시**
쓰임: 등나무 줄기를 엮어 만든 여름용 옷과 토시
상세 설명: 등등거리는 여름철 웃옷 안에 받쳐 입는 조끼 모양으로 만들고, 등토시는 팔뚝에 끼우는 물건입니다. 둘 다 옷과 피부 사이에 공간을 만들어 바람이 통하게 했습니다.

▲ 등등거리   ▲ 등토시

**이름: 죽부인**
쓰임: 여름에 안고 자는 도구
상세 설명: 대나무를 얇기 쉽게 엮어 둥근 기둥 모양으로 만든 것이니다. 속이 비어 있어 공기가 잘 통하고, 대나무 표면이 차가워 끼가 다운 여름에 안고 잤습니다.

▲ 죽부인

확인 이 내용이 담긴 디지털 매체는 인터넷 게 시 판 이다.

---

# 3
주차

정답과 해설 44쪽

▲ 인터넷 게시판을 읽고 조상들이 여름에 사용했던 물건이 아닌 것을 골라 O표를 하세요.

해설 세 번째 물건은 추울 때 자고리 위에 덧입는 조끼입니다. 보통 솜이나 털을 넣어 따뜻하게 만듭니다.

▲ 다음 설명에 알맞은 조상들이 여름에 사용했던 물건을 찾아 쓰세요.

• 대나무를 얇게 쪼개 엮어 둥근 기둥 모양으로 만든다.
• 속이 비어 있어 바람이 잘 통하므로 여름철에 안고 잔다.

해설 여름에 사용하는 대나무로 만든 둥근 기둥 모양의 물건은 죽부인입니다.

활동 인터넷 게시판의 깜짝 퀴즈입니다. 퀴즈에 알맞은 답을 댓글로 써 보세요.

**<우리 조상들의 여름나기> 깜짝 퀴즈**

댓글로 물건의 이름과 쓰임을 써 주세요.
선착순 50명에게 부채를 드려요.

♡18   ♥24

예) 이름은 등등거리이고, 여름철 웃옷 안에 받쳐 입던 등나무 줄기를 엮어 만든 조끼 모양의 옷입니다.

1000자 이내   등록

해설 인터넷 게시판에서 쉽게 되는 내용을 바탕으로 하여 댓글을 써 봅니다.

**우리 조상들의 여름을 보내는 방법**

• 샘베나 모시같이 바람이 잘 통하는 옷감으로 옷을 만들었다.
• 얼음 많이 들려 지치기 쉬운 부럼에 육개장 같은 몸에 좋은 음식을 먹었다.
• 더울 때는 무더위를 피해 시원한 선유이나 계곡으로 놀러갔다.

## 친환경 세탁 세제 만들기

**5회 과학**

**2 블로그 글을 읽고 인터넷 게시판에 글쓰기**

소현이네 가족은 한 달에 한 번 지구 환경을 지키는 날을 해요. 이번 달에는 친환경 세탁 세제를 만드는 방법을 블로그에 썼어요. 블로그 글을 읽고, 인터넷 게시판에 친환경 세탁 세제를 알리는 글을 써 보세요.

**블로그**

지구야 사랑해 × 친환경 세제

초록별 지킴이
아이들에게 깨끗한 지구를 선물하고 싶은 가족

목록
전체 보기(117)
친환경 제품(21)
바른 먹거리(39)
지구를 위한 작은 실천(22)
게시판(35)

### 친환경 세탁 세제를 만들어요

초록별 지킴이  20○○.11.26 17:43

오늘은 지구를 위한 22번째 작은 실천으로 친환경 세탁 세제를 만들려고 합니다. 친환경 세탁 세제는 EM(이엠) 용액으로 만듭니다.

**"EM(이엠) 용액은 무엇일까요?"**

EM(이엠) 용액으로 만든 미생물 중에서 사람에게 가장 유익한 미생물을 조합해서 배양한 용액을 말합니다. 우리 몸에 안전하면서도 환경을 오염시키지 않아 마법의 친환경 용액으로 불립니다.

자, 그럼 만들어 볼까요?

EM(이엠) 친환경 세탁 세제 만들기 재료 (1kg 기준)
베이킹 소다 360g  과탄산 소다 360g  구연산 280g  EM발효액 20g

❶ 큰 그릇에 베이킹 소다, 과탄산 소다, 구연산을 넣고 골고루 섞어 줍니다.
❷ EM(이엠) 용액을 발효시킨 EM(이엠) 발효액을 조금씩 부어 면서 다시 섞어 줍니다.
❸ 잘 섞은 세제를 종이나 쟁반에 넓게 펴서 말립니다.
❹ 잘 말린 세제를 손으로 바짝서 곱게 만든 뒤 밀폐 용기에 넣어 보관합니다.

만드는 방법은 어렵지 않아요. 조금만 노력하면 우리 몸에도 좋고, 소득이나 신문, 새 척 효과가 뛰어나고, 환경에도 도움이 되는 친환경 세탁 세제를 직접 만들 수 있답니다.

오늘도 지구를 위한 작은 실천 성공!!

확인 이 내용이 담긴 디지털 메시지는 블 로 그 이다.

---

▲ 블로그를 읽고 EM(이엠) 용액에 대해 알게 된 내용을 골라 ○표를 하세요.

- EM(이엠) 용액을 활용하여 친환경 세탁 세제를 만들 수 있다.
- EM(이엠) 용액으로 미생물로 만들어서 지구 환경을 오염시킨다.

해설 EM(이엠) 용액은 사람에게 가장 유익한 미생물로 만들어 몸에 안전하고 환경을 오염시키지 않습니다.

▲ 블로그에서 EM(이엠) 용액으로 만든 친환경 세탁 세제의 좋은 점을 찾아 쓰세요.

예 우리 몸에 안전하다. / 환경을 오염시키지 않는다.

해설 EM(이엠) 용액은 우리 몸에 안전하고 환경을 오염시키지 않아서 마법의 친환경 용액으로 불립니다.

활동 직접 만든 친환경 세탁 세제를 무료 나눔하려고 해요. 블로그 내용을 바탕으로 인터넷 게시판에 EM(이엠) 친환경 세탁 세제의 좋은 점을 알리는 글을 써 보세요.

○○동 모여라!
등록일 20○○.○○.○○ | 조회:0

예 이번에 지회 기족이 만든 EM(이엠) 친환경 세탁 세제를 무료 나눔해요. 이 세제는 사람에게 가장 유익한 미생물을 조합해서 배양한 EM(이엠) 용액으로 만든 세제예요. 용액은 몸에도 좋고 소득, 신문, 새척 효과도 뛰어납니다. 그리고 무엇보다 지구 환경을 오염시키지 않기 때문에 최고의 친환경 세제입니다. 무료 나눔을 신청하고 싶으신 분은 010-2345-○○○○로 문자 메시지를 보내 주세요. 선착순 5분께 드립니다.

해설 EM(이엠) 친환경 세탁 세제의 좋은 점이 잘 드러나도록 알리는 글을 씁니다.

**EM(이엠) 용액의 여러 가지 효능**
- 냄새를 없애는 효과가 뛰어나서 몸에 타서 뿌리면 생선 비린내, 신발장 냄새 등이 없어진다.
- 세균을 없애는 효과가 있어 몸에 타서 도마나 행주에 뿌리면 세균이 없어진다.

## 확인 문제 »

**4** 다음 설명에 알맞은 매체에 ○표를 하세요.

어떤 대상에 대한 정보를 정확하고 자세한 설명과 함께 사진이나 영상으로 보여 주는 것은 ( 인터넷 백과사전 , 온라인 대화방 )이다.

해설 인터넷 백과사전은 대상에 대한 정확하고 자세한 정보를 찾을 때 사용합니다.

**5** 블로그에 대해 알맞게 말한 친구의 이름을 쓰세요. 📋 윤지

우진: 내용을 장면 그림과 대사, 효과음을 사용하여 나타낼 수 있다.
윤지: 글쓴이가 관심 있는 내용을 하루하루 날짜별로 구성할 수 있다.

해설 블로그는 글쓴이가 관심 있는 내용이나 동영상을 사용하여 효과적으로 구성하는 매체이다.

**6** 다음과 같은 매체는 무엇인가요? ( ④ )

① 광고
② 스토리보드
③ 온라인 대화방
④ 인터넷 게시판
⑤ 인터넷 백과사전

해설 인터넷 게시판에서는 다른 사람과 정보를 교환하고 의사소통을 사용할 수 있습니다.

**7** 다음과 같은 인터넷 게시판의 댓글에 대한 설명으로 알맞지 않은 것은 무엇인가요? ( ⑤ )

① 여러 사람이 글쓰기에 참여할 수 있다.
② 짧은 글로 자신의 생각을 표현할 수 있다.
③ 인터넷 게시판의 내용을 읽고 쓰는 글이다.
④ 다른 사람의 생각이나 의견을 확인해 볼 수 있다.
⑤ 영화의 주요 장면과 내용을 간단하게 정리해 놓은 것이다.

해설 영화의 주요 장면과 내용을 간단하게 정리해 놓은 것은 스토리보드입니다.

---

## 확인 문제 »

**1** 다음의 매체는 무엇인지 쓰세요.

( 웹툰 )

해설 웹툰은 휴대 전화나 컴퓨터로 볼 수 있는 만화로, 내용을 그림과 대사로 표현합니다.

**2** 다음 매체에 대한 설명이 아닌 것은 무엇인가요? ( ③ )

① 장면 번호, 대사 등이 나타나 있다.
② 장면 그림이나 해설, 배경 음악 등이 나타나 있다.
③ 필요한 정보를 글이나 사진, 영상으로 얻을 수 있다.
④ 대본의 주요 장면을 글과 그림으로 미리 정리해 놓았다.
⑤ 영화나 드라마 등의 영상을 쉽게 만들기 위해 정리해 놓았다.

해설 제시된 매체는 대본이나 주요 장면을 글과 그림으로 미리 정리한 스토리보드로 장면 번호, 장면 그림, 대사, 해설, 배경 음악 등이 나타나 있습니다.

**3** 인터넷 뉴스의 특징이 아닌 것은 무엇인가요? ( ④ )

① 기사를 올린 전송 시간을 알 수 있다.
② 기사의 내용을 여러 번 수정할 수 있다.
③ 여러 사람에게 글이나 영상으로 정보를 전달할 수 있다.
④ 그림과 인물의 대사로 내용을 효과적으로 전달할 수 있다.
⑤ 댓글을 통해 뉴스 내용에 대한 다른 사람의 의견을 알 수 있다.

해설 장면을 표현한 그림과 인물의 대사로 내용을 효과적으로 전달할 수 있는 매체는 웹툰입니다.

4

주차

정답과 해설

## 4주차

▲ 친구들이 버스 안에서 본 것은 무엇인지 ○표를 하세요.

[ 뉴스 ]  [ 광고 ]  [ 교통 정보 ]

해설 두 친구는 버스 안에서 샴푸 광고를 보았습니다.

▲ 버스 안에서 본 광고의 내용으로 알맞은 것의 기호를 쓰세요. 답 ㉯

㉮ 세상에 불가능이란 없다.
㉯ 매일 머리를 감는 것은 인생에 좋다.
㉰ 다닌다 샴푸는 씻는 잔만으로도 탈모 개선에 효과가 있다.

해설 버스 안 영상에서는 탈모 전용 샴푸를 광고하고 있습니다.

활동 버스 안 광고의 문제점에 대해 온라인 대화방에서 말하고 있습니다. 나의 생각을 써 보세요.

대화방 3
수민: 동현아, 오늘 버스에서 본 광고 내용이 문제가 좀 없지 않니? 오전9:11
동현: 맞아. 광고 내용이 믿음이 안 하지만 쓰면 거 같이? 너 어느 부분이 그래서? 오전9:13
수민: 넌 10분만 투자하면 된다 말이 좀 과장된 거 같아. 머리가 많이 빠지는 사람인 10분을 투자한다고, 그 사람들이 10분을 많이 빠지는 건 아니잖아. 오전9:15

대화방 3
동현: 으응, 예리한데? 맞아. 난 "믿고 쓰는 다닌다 샴푸"라는 이름이 믿음이 안 가. 꾸면 저 샴푸를 쓰면 다 믿까?하는 생각이 들더라고. 오전9:17
예: 씻는 잔만으로도 탈모 개선가 있다는 내용이 과장된 거 같아. 샴푸는 씻이 아닌데 의학적인 효과가 있을 거라고 사람들에게 기대를 하게 광고한 것이 문제라고 생각해.

해설 광고의 내용 중에서 어느 부분이 과장되었는지, 믿음이 안 가는 이유 등을 씁니다.

### 광고를 읽을 때 살펴보아야 할 점

· 광고 내용이 믿을 만한지 살펴본다.
· 광고 내용을 뒷받침할 만한 사실이 무엇인지 살펴본다.
· 과장되거나 감추고 있는 내용이 있는지 살펴본다.

---

## 1회 생활

### 1 웹툰을 읽고 온라인 대화 하기

# 광고가 너무해

웹툰 <광고가 너무해>에서는 두 친구가 버스 안 모니터에서 나오는 광고를 보고 대화를 나누고 있어요. 두 친구가 본 광고는 광고도는 어떤 내용이었는지 살펴보고 광고 내용이 문제점에 대해 생각해 보세요.

광고가 너무해 <버스 안에서>

확인 이 내용이 담긴 디지털 매체는 [웹]툰이다.

#### 광고 내용을 살펴볼까요?

# 1회 역사

## 2 블로그 글을 읽고 마인드맵으로 정리하기

# 세계의 음식, 멕시코 타코

맛있는 음식이 있는 곳이면 어디든지 가는 새나래 가족은 멕시코 음식 전문점에 갔어요. 새나래는 타코 사진을 SNS에 올리고, 타코에 대한 정보를 찾아보았어요. 블로그를 통해 알게 된 타코에 대한 정보를 마인드맵으로 정리해 보세요.

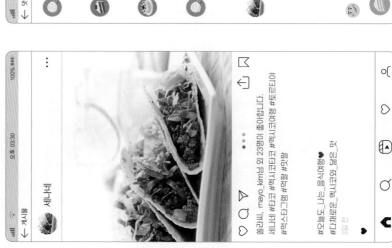

새나래
오후 03:30

#오늘도_나는_음식여행 #타코 #멕시코타코
#멕시코요리여행 #토르티야
#멕스타그램 #먹팔 #맛팔
#멕시코그램 #멕시코와_닮은_맛
#다채로운_멕시코의_맛
3일 전

쏠라씨, mayo_kim님 외 23명이 좋아합니다.

댓글    오후 03:30    100%

쏠라씨 우아, 멕시코 음식 전문점도 있네요.
1일   답글 달기

mayo_kim 저도 가봤어요. 이곳에 가면 타코를
꼭 먹어봐야 해요.
1일   답글 달기

선민 타코? 타코야끼랑은 다른 음식이네요. 이
름은 비슷한데... ㅎㅎ
3시간   답글 달기

쏠라씨 타코 먹어보고 싶네요. 지난번 TV에서
봤는데 타코가 멕시코의 호수 근처에 살던 원주민
들의 음식에서 유래했다고 하더라고요.
24분   답글 달기

새나래 그런가요? 저도 이번에 타코 먹고 멕시코
음식에 빠져서 멕시코 음식 관련된 블로그를 찾아
봤는데 그런 내용이 있었어요. 제가 찾은 블로그
공유해 줄 테니 한번 읽어 보세요.
15분   답글 달기

정답 이 내용이 담긴 디지털 매체는 SNS와 [블][로][그] 이다.

---

# 4주차

# 멕시코를 쏙 빼닮은 음식, 타코

 맛대세   2021.12.03 11:43

안녕하세요. 오늘 제가 떠날 여행지는 멕시코입니다. 멕시코는 고대 문명과 스페인 문화가 결합돼 타코 외에도 몰레, 엔칠라다, 포솔레, 타말레, 담음 등 다채로운 먹을거리가 풍부한 나라랍니다. 광대한 국토와 다양한 기후 풍토를 가지고 있어 동식물의 종류가 많고, 이러한 자연 조건에 원주민 문화와 식민지 문화가 음식에 지방에 따라 개성이 풍부한 요리 문화가 생겨났습니다. 그럼 대표적인 멕시코 전통 음식 타코에 대해 알아볼까요? 자, 맛으로 떠나는 세계 여행 출발!

### 타코의 유래

타코도 토르티야 속에 고기나 콩, 양상추, 토마토, 치즈 등 좋아하는 재료를 넣어 먹는 멕시코 샌드위치입니다. 멕시코가 스페인의 식민지가 되기 전부터 있었던 음식으로 역사가 깊습니다. 타코의 유래는 현재까지 분명하게 밝혀지지는 않았지만, 호수 근처에 살던 원주민들이 작은 물고기를 넣어 만든 것이 타코의 시작이었다고 전해지고 있습니다.

### 타코의 기본 재료 토르티야

멕시코의 빵인 토르티야는 물에 불린 옥수수를 으깬 마사라는 반죽을 얇게 원형으로 늘어 구운 것입니다. 요즘은 일가루로 만든 것도 많이 사용되고 있습니다. 이 토르티야에 다양한 소스나 재료를 넣어 먹으며, 토르티야를 이용한 요리에는 케사디아, 부리토, 파히타 등이 있습니다.

▲ 부리토    ▲ 케사디아    ▲ 파히타

### 타코에 빠질 수 없는 살사 소스

살사 소스도 토르티야로 만든 요리에 쓰는 매우 맛있 소스입니다.

---

**토르티야를 이용한**
**여러 가지 멕시코 음식**

• 케사디아는 넓은 토르티야에 치즈와 채소 등을 넣고 반으로 접어 구워낸 뒤에 부채꼴 모양으로 잘라서 먹는다.

• 파히타는 구운 쇠고기나 채소를 볶은 양파, 신선한 샐러드와 함께 토르티야에 직접 싸먹는 음식이다.

**활동** 블로그 내용을 바탕으로 타코에 대한 정보를 마인드맵으로 정리해 보세요.

**타코의 유래**

예 호수 근처에 살던 원주민들이 작은 물고기를 넣어 만든 타코를 먹었다고 한다.

**타코의 재료**

토르티야, 고기, 콩, 양상추, 토마토, 치즈 등

**타코**

토르티야 속에 고기나 콩, 양상추, 토마토, 치즈 등 좋아하는 재료를 넣어 먹는 멕시코 샌드위치를 말한다.

**토르티야를 이용한 음식**

타코, 파히타, 부리토, 케사디아 등

**타코에 곁들이는 소스**

예 살사 소스

**해설** 타코의 재료, 타코의 유래, 타코에 곁들이는 소스, 토르티야를 이용한 정리한 음식에 대해 간단히 정리합니다.

---

▲ 세나가 SNS에서 소개한 음식은 무엇인지 ○표를 하세요.

인도 커리 | 멕시코 타코 | 일본 타코야끼

**해설** 세나는 멕시코 음식 전문점에서 먹은 타코 사진을 자신의 SNS에 올렸습니다.

▲ 타코에 대한 내용으로 알맞지 않은 것이 기호를 쓰세요. 답 ④

㉮ 토르티야 속에 고기, 콩, 양상추, 토마토, 치즈 등을 넣어 먹는 음식이다.
㉯ 멕시코가 스페인의 식민지였을 때 스페인 문화의 영향을 많이 받은 음식이라고 한다.
㉰ 호수 지역에 거주하였던 원주민들이 작은 물고기를 넣어 만든 것에서 유래했다고 전해진다.
㉱ 타코의 기본 재료인 토르티야는 옥에 불린 옥수수를 으깬 반죽을 얇게 원형으로 눌러 구운 것이다.

**해설** 타코는 멕시코가 스페인의 식민지가 되기 전부터 있었던 음식으로 짐작하고 있습니다.

▲ 토르티야를 이용한 멕시코 음식이 아닌 것에 ○표를 하세요.

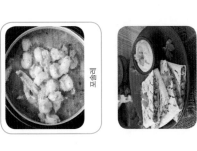

부리토

파히타

포슬레

케사디아

**해설** 포슬레는 멕시코의 전통 스프 요리입니다.

## 2 인터넷 뉴스의 내용으로 알맞은 것을 골라 ○표 하세요.

화산재는 토양을 비옥하게 한다.

화산 활동은 사람에게 피해만 준다.

자바섬의 화산은 더이상 활동하지 않는다.

해설 자바섬의 화산은 활동하고 있는 화산이며, 화산 활동은 사람들에게 피해를 주기도 하지만 토양을 비옥하게 해 줍니다.

## 2 빈칸에 들어갈 알맞은 말을 쓰세요.

화산신재

( )(이)는 화산이 폭발할 때 생기는 지름 2밀리미터 이하의 마그마 조각으로, 그 속에는 갖춘, 인, 철, 유황 등이 섞여 있다.

해설 화산재는 화산이 폭발할 때 생기는 지름 2밀리미터 이하의 마그마 조각으로, 그 속에는 갖춘, 인, 철, 유황 등이 섞여 있다.

## 활동 인터넷 뉴스를 다시 읽고 화산 활동은 사람들에게 어떤 이로움을 주는지 정리해 보세요.

농사짓는 땅을
비옥하게 해 준다.

예 땅속이 높은 열로 온천을
만들어 준다.

화산 활동으로
나오는 물질

화산 활동으로 토양이 비옥하게 되어 농사 짓기에 도움이 되며, 땅속이 높은 열로 얻은 온천을 만들어 사람들에게 계속 도움이 됩니다.

• 액체인 용암이 솟구쳐 오르거나 흐른다.
• 기체인 화산 가스가 나오지만 대부분 수증기이기 때문에 관찰하기는 어렵다.
• 고체인 화산재나 화산 암석 조각 등이 나오며 화산 암석 조각의 크기는 다양하다.

---

---

## 2회 과학

## 1 인터넷 뉴스를 읽고 정리하기

# 화산 곁에 사는 이유

인제 폭발할지 모르는 화산 곁에 사는 인도네시아 사람들.
그들은 왜 그곳에 살고 있는지 인터넷 뉴스를 읽고, 화산 활동이 주는 이로움에 대해 정리해 보세요.

NEWS | 과학 | 정치 | 스포츠 | TV 연예 | 날씨    로그인 구독하기 마이페이지

## 화산섬, 인도네시아, 그곳에 사람들이 사는 이유

기사전송 20○○.11.20. 12:10    댓글 7 공감 22 공유
강민경 기자

맹렬한 불을 내뿜는 화산. 화산은 사람들에게 두려운 존재이다. 그러나 언제든 터질 수 있는 화산 곁에 사는 사람들이 있다. 바로 인도네시아 사람들이다. 인도네시아는 여러 개의 섬으로 이루어진 나라이다. 그중 자바섬은 세계에서 사람이 가장 많이 사는 섬으로, 인도네시아의 수도인 자카르타가 위치해 있다. 자바섬에는 지금도 활동하는 100여 개의 화산이 있어 화산섬으로 유명한데, 자바섬이 인도네시아의 중심이 될 수 있었던 것도 화산에서 나오는 화산재 때문이라고 한다.

화산재는 화산이 폭발할 때 생기는 지름 2밀리미터 이하의 마그마 조각이다. 화산재에는 갖춘, 인, 철, 유황 등이 식물 성장에 좋은 성분이 있어서 땅속에 스며들면 토양이 비옥하게 된다. 지질 전문가들은 "화산재는 화산이 계속 뿜어 내는 동안에도 화산 주변의 땅은 점점 더 농사 짓기에 좋은 땅이 된다."고 말한다.

한편 화산 활동으로 인한 땅속의 높은 열은 온천이나 지열 발전에 활용되기도 한다. 이처럼 인도네시아 사람들은 화산을 '마지막 창조자'로 믿는다고 한다. 화산이 활동할 때는 사람들에게 피해를 주지만, 오랜 시간이 지나면 지구의 지면을 유지하는 데 보탬이 되기 때문이다.

해설 이 내용이 담긴 디지털 매체는 인터넷 [ 뉴 ] [ 스 ]이다.

---

# 4 주차

▶ 웹툰에서 불법 주차된 차가 있는 곳은 어디인지 ○표를 하세요.

| 학원 앞 차가 다니는 길 | (학원 앞 사람이 다니는 길) |

풀이 학원 앞 사람이 다니는 길에 차가 서 있습니다.

▶ 차를 세워 두어도 되는 곳의 기호를 쓰세요. 답 ㉱

㉮ 학교 앞  ㉯ 소화전 앞  ㉰ 버스 정류장 앞  ㉱ 아파트 앞 주차장

풀이 아파트 앞 주차장은 차를 세워 두어도 되는 곳입니다.

활동 불법 주차 때문에 불편한 점을 인터넷 게시판에 써 보세요.

자유 게시판
🏠 언어 소통 > 열린 게시판 > 자유 게시판

예) 불법 주차 차량을 신고합니다.
오늘 학교에 가는 길에 불법 주차된 차량을 발견했습니다.
차도가 아닌 인도로 주차하고 전화번호도 남기지 않았습니다.
불법 주차된 차량은 보행자를 불편하게 할 뿐만 아니라 유모차 등이 이동로 막아 피해를 줍니다.
다른 사람에게 피해를 주는 행동은 하면 안 된다고 생각합니다.

🔍 입력

풀이 불법 주차를 하면 다른 사람이 다니기에 불편하고 사고로 이어질 수 있다는 내용을 씁니다.

**주차와 정차는 뭐가 달라요?**

- 주차는 자동차를 일정한 곳에 세워 두는 것으로, 자동차가 승객을 기다리거나 화물을 싣거나 고장의 이유로 정지되어 있는 상태를 가리킨다.
- 정차는 차가 멈춤 또는 정지하는 것으로, 자동차가 6분 이상 멈추어 있는 상태를 가리킨다.

---

## 2회 사회

### ② 웹툰을 읽고 인터넷 게시판에 글쓰기

# 불법 주차 안 돼요

불법 주차란 자동차를 세워 두면 안 되는 곳에 차를 세워 두는 것이에요. 도로에 불법 주차한 차들을 가끔 볼 수가 있어요. 웹툰 <인도를 점령한 불법 주차>를 읽고 불법 주차한 차 때문에 불편했던 점을 인터넷 게시판에 글로 써 보세요.

활동 이 내용이 담긴 디지털 매체는 웹 툰 이다.

### 인도를 점령한 불법 주차

### 자동차를 세워 두면 안 되는 곳

초등학교나 유치원의 정문으로부터 300미터 이내인 어린이 보호 구역

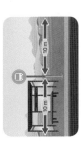

사람들이 버스를 타고 내리는 버스 정류장 표 지판을 기준으로 좌우 10미터 이내

불이 났을 때 긴급하게 써야 하는 소화전을 기준으로 좌우 5미터 이내

## 3회 문화

## 1 인터넷 백과사전을 읽고 관광 홍보 자료 만들기

# 만리장성

세계에는 다양한 건축물이 있어요.
그중에서 만리장성은 세계에서 가장 크고 튼튼한 건축물이에요. 인터넷 백과사전을 읽고 만리장성 관광 홍보 자료를 만들어 보세요.

**똑똑백과사전**

## 만리장성 중국의 북쪽에 있는 성

| | |
|---|---|
| 지역 | 아시아 > 중국 |
| 유형 | 건축물 |
| 주제 | 유네스코 세계 유산 |
| 위치 | 서쪽 건위성의 자위관에서 시작하여 동쪽 허베이성의 산하이관까지 이어짐 |

### 만리장성의 규모

유네스코 세계 유산으로 지정되어 있는 중국 최대의 건축물로, 지도상의 길이는 약 2,700킬로미터이지만 지선으로 계산하면 연 총 5,000~6,000킬로미터나 된다. 원래 춘추전국 시대에 작은 나라들이 다른 나라의 침입을 막기 위해 각각 국경을 따라 길게 둘러쌓아 성을 만들었는데, 중국을 최초로 통일한 진나라 때 이것을 연결하여 완성시킨 것이 만리장성의 처음이다. 진나라의 시황제는 북방 민족의 침입에 대비하여 성벽을 연결하여 장성을 쌓기로 하였다. 만리장성의 건설은 그 후에도 계속되다가 명나라 때에 이르러 현재의 모습이 완성되었다. 이렇게 만들어진 만리장성은 세계에서 가장 크고 튼튼한 군사 시설물이자 인조 건축물이다.

> **확인** 이 내용이 담긴 디지털 매체는 [인][터][넷] 백과사전이다.

---

## 4 주차

### 만리장성의 건설

만리장성을 건설하는 데 시간이 얼마나 걸렸으며 얼마나 많은 사람이 동원되었는지에 대해서는 정확한 자료가 없다. 진나라 시황제의 명령으로 시작된 건설은 1000년이 넘는 기간 동안 계속되었는데, 언제 공사가 끝났는지에 대해서도 정확하게 알려지지 않았다. 전해 내려오는 이야기에 따르면 군사와 백성을 합해 약 30만 명의 사람들이 만리장성 건설에 동원되었고 이곳에서 일생을 마감한 사람이 많았을 정도로 군사와 백성들의 고통은 이루 말할 수 없을 정도였다고 한다.

▲ 1890년대의 만리장성 모습

### 오늘날의 만리장성

현재 중국 정부는 만리장성을 중요한 역사적 문화재로서 보호하고 세계 유산에도 등재시켰다. 만리장성은 세계적인 관광 명소로 이름이 높아졌으나, 지역 주민들이 집의 재료로 사용하거나 관광객에게 판매하기 위해 장성의 벽돌을 갖고 가는 등 피해가 지속되었다. 또한 댐 공사로 인해 일부가 물에 잠기기도 했다. 조사에 의하면 만리장성이 안전하게 보전되어 있는 지역은 전체의 20% 이하이고, 50% 이상은 모습이 사라졌다고 한다. 만리장성 중 가장 인기 있는 관광지는 베이징 부근의 팔달령 장성인데, 이곳은 베이징에서 가깝고 보전이 가장 잘 되어 있는 장점으로 일 년 내내 관광객이 많이지 않는다고 한다.

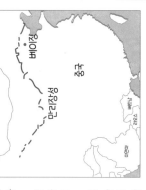

▲ 훼손된 만리장성

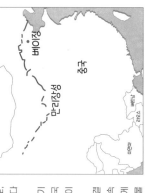

▲ 만리장성의 망대*

*장성: 길게 둘러쌓은 성.
*망대: 적이나 주위의 동정을 살피기 위하여 높이 세운 곳.

> **인터넷 백과사전을 활용할 때의 좋은 점은?**
> - 사진이나 그림, 도표 등 시각적인 자료로 정보를 쉽게 파악할 수 있다.
> - 항목이 나누어져 있어 긴 글을 읽을 때보다 더 쉽게 이해하고 기억할 수 있다.
> - 정보에 대한 다양한 해설 내용을 다루고 있어 호기심을 해결할 수 있다.

**4 주차**

**활동 1** 인터넷 백과사전을 읽고 오는 나라의 건축물에 대해 알 수 있는지 ○표를 하세요.

| 중국 | 이집트 | 이탈리아 |

해설 인터넷 백과사전을 읽으면 중국의 만리장성에 대해 알 수 있습니다.

▲ 인터넷 백과사전의 내용으로 알맞은 것이 기호를 쓰세요. 답 ㉯ ㉰

㉮ 만리장성의 규모
㉯ 만리장성을 만드는 기술
㉰ 만리장성에 가는 데 드는 비용

해설 만리장성을 만든 기술이나 만리장성에 가는 데 드는 비용에 대해서는 나와 있지 않습니다.

▲ 인터넷 백과사전을 활용할 때의 좋은 점을 말한 친구의 이름들을 모두 쓰세요. 답 지호, 미수

정인: 정보에 대한 궁금증을 바로 물어볼 수 있어.

우현: 단어의 뜻풀이만 나타나 있어서 간결해서 좋아.

지호: 항목이 나누어져 있어서 긴 글로 읽을 때보다 더 쉽게 이해하고 기억할 수 있어.

미수: 사진이나 그림, 도표 등 시각적인 자료로 정보를 쉽게 파악할 수 있어.

해설 인터넷 백과사전은 항목이 나누어져 있어서 긴 글을 읽을 때보다 더 쉽게 이해할 수 있습니다. 그리고 글로 된 설명뿐 아니라 사진이나 그림, 도표와 같은 시각적인 자료가 나와 있어서 다양한 지식을 얻을 수 있습니다.

---

**활동 1** 인터넷 백과사전을 읽고 관광 홍보 자료를 만들기 위해 키워드를 뽑아 보려고 합니다. 알맞은 것에 모두 ○표를 하세요.

| 베이징 | 국보 | 판다령 장성 |
| 유네스코 세계 유산 | 만리장성 | 구절 |

해설 만리장성은 유네스코 세계 유산으로, 베이징 가까이에 있는 판다령 장성이 가장 잘 보존되어 있는 장성으로 인기가 많습니다.

**활동 2** 활동 1에서 뽑은 키워드들을 활용하여 만리장성 관광 홍보 자료를 완성해 보세요.

만리장성으로 오세요
중국의 수도 베이징에서 가까워요

유네스코 세계 유산으로 등록되어 있는 중국 최대의 건축물 만리장성

예) 판다령 장성은 베이징에 서 가깝고 보존이 잘 되어 있는 곳이에요

해설 유네스코 세계 유산, 만리장성, 베이징, 판다령 장성 등을 넣어 관광 홍보 자료를 만들어 봅니다.

# 3회 생활

## ② SNS와 텔레비전 광고를 읽고 온라인 대화 하기

# 그대로 오렌지 주스

SNS와 텔레비전에서 '그대로 오렌지 주스'를 사게 하기 위해 오렌지 주스에 대한 정보를 알리는 광고가 나왔어요. SNS 광고와 텔레비전 광고를 비교해 보고, 온라인 대화창에 '그대로 오렌지 주스' 광고에 대한 생각을 써 보세요.

### ● SNS 광고

asitis_soo
오후 03:30

그대로 오렌지 주스

막 한 병이면
운동이 24시간 동안 생생~얘

그대로 오렌지 주스
나쁜 것에는 그대로 오렌지 주스가 최고!
그대로 농장의 싱싱한 오렌지가
그대로 병에 가득!
-3병 구매 고객에게는 주스 1개 더(~5/30)
-1상자 구매시 2천 원 할인(~5/27)
#그대로오렌지주스 #싱싱함이_그대로
#오렌지주스_할인정보

확인 이 내용이 담긴 디지털 매체는 SNS와 [텔][레][비][전] 광고이다.

### ● 텔레비전 광고

오렌지 ♪~
"그대로" 오렌지 ♬~.
싱싱한 오렌지를 "그대로".

오렌지를 "그대로" 한 컵에.
싱싱한 오렌지를 "그대로" 한 컵에.
싱싱함을 마셔요.
그대로 오렌지 주스.

---

▲ SNS 광고와 텔레비전 광고에 대한 알맞은 내용에 ○표를 하세요.

광고를 본 사람들이 ( 싱싱한 오렌지 · <u>그대로 오렌지 주스</u> )를 사게 하려고 하는 광고이다.

해설 SNS와 텔레비전에서 '그대로 오렌지 주스'를 광고하고 있습니다.

▲ SNS 광고와 텔레비전 광고에 대한 설명으로 알맞은 것이 기호를 모두 쓰세요. ㉡ ㉠, ㉢

㉮ 텔레비전 광고는 제품에 대한 반응을 댓글로 볼 수 있다.
㉯ SNS 광고는 SNS로 연결된 사람들에게 정보를 전달할 수 있다.
㉰ 텔레비전 광고는 영상뿐 아니라 음악과 자막을 으로 사용할 수 있다.

해설 텔레비전 광고는 댓글을 달 수 없습니다. 댓글을 통해 상대방의 반응을 볼 수 있는 광고는 SNS 광고입니다.

활동 두 광고를 다시 읽고 온라인 대화방에 '그대로 오렌지 주스' 광고에 대한 자신의 생각을 써 보세요.

< 대화방 3 >

은서: 그대로 오렌지 주스 맛이 어 보이던데, 먹고 싶어. 오전 9:11
정후: 맞아. 싱싱한 오렌지가 그대로 들어갔다니 저 주스를 마시면 오렌지가 생생해질 것 같아. 그런데 그대로 오렌지가 정말로 오렌지일까? 오전 9:13
은서: 그건 이럴 것 같아. 오렌지가 그대로 들어 갔다는 근거도 없어 서 믿을 수가 없어. 오전 9:15

< 대화방 3 >

정후: 예) 나도 비슷해. "딱 한 병이면 운동이 24시간 동안 생생해!"이나 "오렌지가 그대로 한 병에 가득"이라는 부분처럼 과장된 표현을 보니 나도 이 광고를 믿을 수가 없어. 오전 9:17

해설 광고의 문제점이 무엇인지, 어떤 점이 믿을 만하지 않는지 넣으면 됩니다.

### SNS 광고의 특징은?

• SNS에 연결된 사람들에게만 광고를 하므로 광고할 대상이 분명하다.
• 제품에 대한 정보를 빠르게 전달할 수 있다.
• 제품에 대한 반응을 댓글로 신속하게 볼 수 있다.

## 4회 과학

### 1 인터넷 뉴스를 읽고 SNS에 소개하는 글 쓰기

# 가로수 길을 걸어요

우리 주변에서 흔히 볼 수 있는 가로수에 대한 인터넷 뉴스를 찾아보았어요. 풍성도 아름답고 우리의 건강에도 도움을 주는 가로수에 대해 알아보고, 가로수를 소개하는 글을 SNS에 써 보세요.

NEWS | 정치 | 경제 | 스포츠 | TV 연예 | 날씨

[토토일보 연중 기획]
## 가로수 길을 걸어요
20○○-11-11 11:11:00 | 조회 12

"가로수 그늘~"로 시작되는 노래를 들어볼 적이 있나요? 아름다운 풍경이 그려지는 노래랍니다. 이 노래에 등장하는 가로수는 거의의 아름다운 풍경과 국민들의 건강을 목적으로 길을 따라 줄지어 심은 나무를 말합니다. 도로변이나 둘레 좋은 도로를 따라 많이 심어져 있습니다.

가로수 역사가 있다는 것을 알고 있나요? 중국의 옛 기록을 보면 기원전 5세기 경에도 길가에 가로수가 심어졌다는 것을 알 수 있어요. 그리고 세계 여러 나라에서도 무화과나무, 버즘나무, 과일나무가 가로수였다는 것을 여러 자료들을 통해 알 수 있다고 합니다.

아무 나무나 다 가로수가 될 수 있는 것은 아닙니다. 가로수는 도시를 아름답게 할 수 있어야 하며, 그늘을 만들 수 있어야 하고, 공기도 맑게 할 수 있어야 합니다. 그래서 자들이 내뿜는 매연이나 나쁜 공기를 이겨 내야 하고, 잎이 넓어서 뜨거운 여름에는 시원한 그늘을 만들어야 하며, 추운 겨울에는 잎이 없어져 가로수의 지역이 됩니다. 가로수로 심는 나무는 나라에 따라 다양한데 우리나라에서는 나무인 단풍나무, 은행나무, 느티나무, 플라타너스, 메타세과 이어 등을 많이 심습니다. 캐나다에는 나무를 상징하는 나무인 단풍나무가 많으며, 누질랜드 등 해변이 많은 나라에서는 야자나무가 많습니다. 각 지역의 날씨에 따라 여러 가지의 가로수를 볼 수가 있습니다.

▲ 몽펠리에(프랑스)

▲ 야자나무(호주)

▲ 단풍나무(캐나다)

구독+

활동 이 내용이 담긴 디지털 매체는 □인□터□넷□뉴□스□이다.

---

▲ 인터넷 뉴스의 주제는 무엇인지 알맞은 것에 ○표를 하세요.

| 가로수 | 가로등 | 보호수 |
|---|---|---|

해설 인터넷 뉴스의 주제는 가로수입니다.

▲ 인터넷 뉴스의 내용으로 알맞은 것을 모두 골라 기호를 쓰세요. ㉡, ㉢, ㉤

㉮ 가로수란 점을 아름답게 꾸미기 위해 심는 나무를 말한다.
㉯ 세계 여러 나라의 가로수는 다양한데, 지역의 날씨에 따라 다르다.
㉰ 중국의 옛 기록을 보면 오래전부터 가로수가 심어졌다는 것을 알 수 있다.
㉱ 가로수는 도시를 아름답게 하고, 그늘을 만들어 주며, 공기도 맑게 해 주는 나무여야 한다.

해설 가로수란 거리의 아름다운 풍경과 국민들의 건강 등을 목적으로 길을 따라 줄지어 심은 나무를 말한다.

활동 가로수의 의미를 떠올려 보고, 가로수를 SNS에 소개해 보려고 합니다. 제시된 SNS를 참고하여 소개하는 글을 써 보세요.

kim.star_77
오늘 인터넷 뉴스를 보고 나서 가로수를 보니 이 마을 다시 떠올려 보게 되었어. 우리 동네에는 벚꽃길이 있는데 4월이 되면 하얀 벚꽃이 활짝 피어 서 환상적이 돼. 동네에 이런 가로수가 있어서 마음도 편안해지는 거 같아.

#벚꽃길 #4월 #진해 #봄

예 sing.sing_369
우리 동네에는 메타세과이어 가로수 길이 있는데, 가을이면 빨갛게 물든 풍경이 너무 멋져. 그곳에 가면 나도 시인이 된 듯한 느낌이 들거든. 머리도 맑아지는 거 같고, 편안해져. 한 번 놀러와.

#담양 #가을 #메타세과이어

해설 메타세과이어 가로수 길을 소개하여 봅니다.

### 가로수가 안 좋은 점도 있대요

• 은행나무의 경우 암나무에서 열리는 열매에서 나는 고약한 냄새로 주민들이 불편한 점이 있어서 열매가 열리지 않는 수나무로 교체를 많이 하고 있다.
• 가로수로 인해 상가의 간판이 가려지거나 담장과 보도 블럭에 균열이 생기는 등의 불편함이 생기는 곳도 있다.

## 과학 수사대에서 하는 과학 수사 방법

**지문 분석**
현장에서 채취한 지문을 바탕으로 범인을 찾아내는 방법. 지문은 사람마다 모두 다르다는 특성을 이용하여 찾아낼 수 있다.

**DNA(유전자) 분석**
현장에서 채취한 침이나 머리카락에서 찾은 DNA를 바탕으로 범인을 찾아내는 방법. 지문과 같이 DNA도 사람마다 다르다는 특성을 이용하여 찾아낼 수 있다.

**족적 분석**
범죄 현장에 남긴 신발의 바닥 문양을 분석하여 범인을 찾아내는 방법으로 사진을 찍어서 모형을 떠서 분석한다.

**영상 분석**
사진, CCTV, 블랙박스 등의 자료를 분석하여 범인을 찾아내는 방법

스마트폰  차량블랙박스  CCTV

### 몽타주 분석이 뭐예요?
• 몽타주는 여러 사람의 사진에서 얼굴의 각 부분을 따서 따로 합쳐 어떤 사람의 모습을 만든 사진을 말한다.
• 몽타주 분석은 목격자나 피해자가 말한 것을 바탕으로 범인의 모습과 비슷한 눈, 코, 입 등 자료를 합성하여 범인을 찾아내는 방법이다.

**< 이야기방 4**

박준범: 얘들아, 과학 수사 방법을 알려줄게. 범죄 현장에서 찾은 침이나 머리카락, 지문, 발자국, 혈액 등으로 여러 가지로 분석을 할 수 있어. 아주 작은 실 조각 하나로도 범인을 찾아낼 수 있단다. 오후 5:32

한민재: 실 조각만으로도 범인을 찾을 수 있다고요? 오후 5:35

박준범: 응. 현미경으로 보면 섬유마다 짜임이 다르단다. 그래서 어디에서 절려 나온 건지 알 수가 있지. 오후 5:37

소현서: 와, 대단해요. 근데 힘드신 점은 없으신가요? 오후 5:40

박준범: 오랜 시간 현장에서 증거를 찾아야 한단다. 증거가 피부에 묻어있어도 안 되고 증거에 우리의 지문이나 침 같은 것이 섞이면 안 되지. 그래서 항상 위생복을 입어야 해. 옷이 답답해도 입도 많이 나고 불편하지만 보람된 일이란다. 오후 5:45

박준범: 아빠, 감사합니다. 얘들아, 우리 학교에서 보자. 오후 5:50

소현서: 네, 그렇겠네요. 오늘 늦은 시간 내주셔서 감사합니다. 오후 5:51

한민재: 감사합니다. 오후 5:53

---

 **4회** 사회

## 2 온라인 대화를 읽고 마인드맵으로 정리하기
## 과학 수사대가 궁금해요

준호 아버지는 경찰관이에요. 그중에서도 과학 수사를 하는 과학 수사대랍니다. 과학 수사대가 꿈인 준호 친구 민재와 현서가 준호 아버지와 온라인 대화를 하기로 했어요. 준호 아버지와 이야기를 읽고 과학 수사대에 알아보고 내용을 정리해 보세요.

**< 이야기방 4**

박준범: 안녕하세요? 반가워요. 준호에게 얘기 들었는데, 과학 수사대에 대해 궁금한 게 많다고요? 오후 5:00

한민재: 아빠, 편하게 말씀하세요. 저 친구들이에요. 오후 5:02

한민재: 안녕하세요, 저는 한민재입니다. 오후 5:05

소현서: 안녕하세요, 저는 소현서입니다. 오후 5:07

박준범: 그래, 편하게 말할게. 먼저 과학 수사가 뭔지 설명해 줄게. 과학 수사는 사건 현장에 남아 있는 증거물과 단서를 과학적으로 분석해 범인을 찾아내고 사건을 해결하는 수사 방법을 말한단다. 예전에는 사건 현장에서 범인을 찾기 어려웠지. 그런데 과학이 발전하면서 다양하고 정확하게 수사를 할 수 있게 된 거란다. 오후 5:10

소현서: 책에서 CSI를 봤어요. 같은 직업인가요? 오후 5:15

박준범: 응. CSI는 미국 과학 수사대를 말하고, 우리 과학 수사대는 KCSI란다. 오후 5:21

**잠복과 심문**
• 잠복: 드러나지 않게 숨어서 범인을 찾는 것.
• 심문: 범인을 잡은 뒤에 샅샅이 따지서 묻는 것.

**과학 수사**
범죄를 수사할 때 여러 과학적 학문 뿐만 아니라 심리학·사회학 등의 지식이나 기술을 사용하여 합리적으로 수사하는 방법을 말한다.

### 우리나라의 과학 수사 기관

**국립과학수사연구원**
범죄가 발생했을 때 증거들을 바탕으로 과학적인 수사를 하는 곳이다. 이 곳에서 일하는 사람은 수사를 할 때 NFS가 적혀 있는 조끼를 입으며, 직접 수사는 안 하고 연구만 하는 곳이다.

**과학 수사대**
범죄가 발생했을 때 현장에서 여러 가지 증거물을 과학적으로 수사하는 곳이다. 이곳에서 일하는 사람은 수사를 할 때 KCSI가 적혀 있는 조끼를 입으며, 직접 수사를 할 경우도 있다.

활동: 이 내용이 담긴 디지털 매체는 온라인 대 화 방 이다.

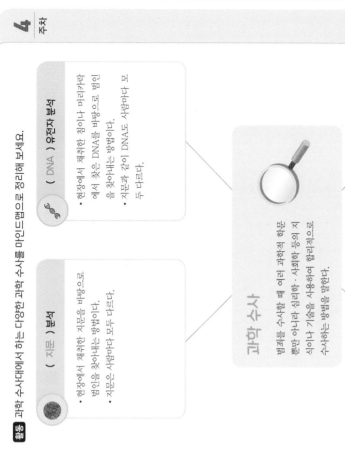

▲ 인터넷 뉴스의 주제는 무엇인지 알맞은 것에 ○표를 하세요.

( 다문화 )　　인종 차별　　세계의 국가

해설 인터넷 뉴스의 주제는 다문화입니다.

▲ 인터넷 뉴스의 내용으로 알맞은 것을 모두 골라 기호를 쓰세요. 답 ㉮, ㉰, ㉱

㉮ 캐나다는 1971년 다문화 정책을 선언하였다.
㉯ 모자이크 프로젝트는 프랑스의 다문화 정책이다.
㉰ 캐나다는 모자이크처럼 이민자가 모여 한 사회를 이루고 있다.
㉱ 2005년 캐나다의 총리로 캐나다 출신의 여성이 선출되었다.
㉲ 캐나다 오타와 주 한 대학교의 기말고사 시험지 첫 장에 한글 문장이 쓰여 있었다.

해설 모자이크 프로젝트는 캐나다의 다문화 정책입니다. 2005년에 캐나다의 총리는 난민 출신의 여성인 미셸 장이 선출되었습니다.

활동 인터넷 뉴스를 다시 읽고 댓글을 써 보세요.

댓글 5 ∨　　댓글 3 ∧
∟ angel** | 다문화에 대해 다시 한번 생각해 보는 내용이에요.
∟ tom** | 다양성을 인정하는 것은 좋지만, 그러한 것을 않는 것은 아닌지 모르겠어요.
∟ exuu** | 캐나다의 다문화주의 실천에서 우리도 배울 게 있는 거 같네요.

댓글
예 다양성을 인정하고 배려하여 다문화 사람들을 받아들이는 모습이 감동적이었다.

1000자 이내　　등록

해설 캐나다의 다문화 정책에 대한 생각을 정리하여 간단히 쓴다.

캐나다의 국가

- 빨강과 하양 두 가지 색깔은 영국의 국기에서 가져온 색이다.
- 양쪽의 빨강은 대서양과 태평양을 뜻한다.
- 가운데 있는 단풍나무잎은 캐나다의 단풍나무잎으로 캐나다를 상징하여 나타낸 것이다.

---

# 5회 문화

## 1 인터넷 뉴스를 읽고 댓글 쓰기

# 모자이크 프로젝트

다문화란 한 사회 안에 여러 여러 민족이나 여러 국가의 문화가 함께하는 것을 말해요. 캐나다의 다문화 정책인 모자이크 프로젝트에 대한 인터넷 뉴스를 찾아봐요. 모자이크 프로젝트가 무엇인지 인터넷 뉴스를 읽고 댓글을 써 보세요.

NEWS | HOT뉴스 | 정치 | 스포츠 | TV 연예 | 날씨 |

**모자이크 프로젝트를 아시나요?**
2000-04-16 10:00:00 | 조회 112
송희망 기자

모자이크란 여러 가지 빛깔의 돌이나 유리, 금속, 조개껍데기, 타일 등을 조각조각 붙여서 나타내고자 하는 어떤 무늬나 그림 등을 만드는 미술의 한 방법이다. 성당의 스테인드글라스 창을 떠올리면 쉽게 이해할 수 있을 것이다.

160여 개 나라에서 사람들이 살기 위해 온 나라 캐나다. 국민의 35퍼센트는 영국계 백인이고, 26퍼센트는 프랑스계 백인이며, 이민자는 22퍼센트이다. 이렇게 이민자가 모여 모자이크처럼 한 사회를 이루고 있다. 1971년 다문화 정책을 선언하고, 1976년에는 이민법을 바꾸었고, 그리고 2001년에는 이주민과 난민 보호법도 만드는 등의 노력을 하였다. 세계 최초로 다문화에 대한 이해를 바탕으로 다양성을 인정한 것이다.

2005년에는 아이티 난민 출신의 미셸 장이 캐나다 제27대 총리로 선출되기도 하였다. 그녀는 처음 연설에서 "캐나다는 가능성의 나라입니다. 저 자신이 그것을 증명합니다."라는 말을 하였다. 다문화란 한 사회 안에 여러 민족이나 나라의 문화가 함께 있는 것을 말한다. 캐나다는 그것을 몸소 실천하고 있는 나라인 것이다. 캐나다의 다문화주의를 실천한 또 한 가지 사례가 더 있다. 캐나다 오타와 주의 한 대학교에서 기말고사 시험지 첫 장에 한국어 문장을 적어 한국에서 온 유학생들을 위한 것이다. 그런데 시험을 보는 120명의 학생들 중 한국인은 단 2명이었다. 소수의 사람이지만 다양성을 인정하고 배려해 주는 이런 모습은 캐나다의 다문화주의가 일상 속에 있다는 것을 보여준 예이다.

댓글 5 ∨　　댓글 3 ∧
∟ angel** | 다문화에 대해 다시 한번 생각해 보는 내용이에요.
∟ tom** | 다양성을 인정하는 것은 좋지만, 그러한 것을 않는 것은 아닌지 모르겠어요.
∟ exuu** | 캐나다의 다문화주의 실천에서 우리도 배울 게 있는 거 같네요.

확인 이 내용이 담긴 디지털 매체는  인 터 넷 뉴스이다.

# 5회 생활

## 2 웹툰을 읽고 SNS에 글쓰기

# 카나페 만들기

보라는 방학 동안 요리에 도전하기로 하고, 영상을 통해 평가 푸드 중 하나인 카나페 만드는 방법을 배웠어요. 웹툰 내용을 바탕으로 SNS에 올릴 나만의 평가 푸드 레시피를 써 보세요.

오늘은 카나페를 만들어 볼 거예요.

카나페는 프랑스에서 시작된 음식인데, 손가락으로 집어 한입에 먹을 수 있는 평가 푸드예요.

바게트와 오이, 양념한 참치, 방울토마토를 준비해요.

만들기도 쉽고, 맛도 좋은 참치 양념 카나페 완성! 이 영상이 좋았다면, 이 마음에 드셨다면 구독과 좋아요 부탁드려요.

### 카나페 만들기

01 오이를 납작하게 썬다.

02 방울토마토도 반으로 자른다.

03 그릇에 기름을 뺀 참치, 마요네즈 3큰술, 설탕 2작은술, 후추를 넣고 섞는다.

04 크래커 위에 오이, 방울토마토를 순서대로 올린다.

확인 이 내용이 담긴 디지털 매체는 웹 툰 이다.

---

# 4주차

▲ 웹툰에서 만든 카나페의 재료에 모두 ○표를 하세요.

크래커 (방울토마토) (오이) 고추 (참치) 고등어

해설 웹툰을 참고해 카나페 재료를 골라 봅니다.

▲ 카나페에 대한 설명으로 알맞은 것의 기호를 쓰세요. 땅 ㉰

㉮ 영국에서 시작된 음식이다.
㉯ 재료로 참치와 치즈가 반드시 들어가야 한다.
㉰ 손가락으로 집어 한입에 먹을 수 있는 평가 푸드이다.

해설 카나페는 프랑스에서 먹기 시작한 음식으로 대표적인 평가 푸드입니다. 재료는 정해진 것이 없고, 얇게 썬 빵이나 크래커 위에 다양한 재료를 올려 만듭니다.

활동 다음은 SNS에서 찾은 평가 푸드의 한 종류인 브루스케타 레시피입니다. 이를 참고하여 SNS에 올릴 나만의 평가 푸드 레시피를 써 보세요.

tta.s.tty

#힙에서 직접 만든 브루스케타 #평가푸드
1. 바게트를 어슷하게 썰어 노릇하게 굽는다.
2. 베이컨을 프라이팬에 살짝 구운다.
3. 바게트, 구운 베이컨, 치즈를 차례대로 올린다.

peace.sky_

예 #치즈카나페 #평가푸드
1. 치즈는 먹을 크기만큼 자른다.
2. 방울토마토와 올리브는 반으로 자른다.
3. 크래커 위에 치즈를 먼저 올리고, 방울토마토, 올리브를 같이 올린다.

해설 간단하게 만들 수 있는 평가 푸드 레시피를 써 봅니다.

**평가 푸드란?**

• 평가는 '손가락', 푸드는 '음식'이라는 뜻으로, 젓가락이나 포크 등을 사용하지 않고 손으로 집어 먹는 음식을 통틀어 이르는 말이다.
• 평가 푸드의 종류에는 카나페, 브루스케타, 주먹밥, 초밥, 과일꼬치, 월남쌈, 등 등이 있다.

## 확인 문제 »

**1** 다음은 어떤 매체를 읽을 때 주의할 점인가요? ( ① )
- 믿을 만한 내용인지 살펴본다.
- 뒷받침하는 사실이 무엇인지 살펴본다.
- 과장되거나 감추고 있는 내용이 있는지 살펴본다.

① 광고
② SNS
③ 인터넷 뉴스
④ 인터넷 게시판
⑤ 인터넷 백과사전

해설 믿을 만한 내용인지, 과장되거나 감추고 있는 내용이 있는지 실제와 비교해 봐야 할 것은 광고를 읽을 때 주의할 점입니다.

**2** 인터넷 뉴스의 특징으로 알맞지 않은 것의 기호를 쓰세요. ( ㉯ )
㉮ 글을 쓴 사람의 이름과 글을 쓴 시간을 알 수 있다.
㉯ 개인적으로 관심 있는 주제를 사진을 활용하여 적절하게 구성할 수 있다.
㉰ 인터넷을 사용할 수 있는 곳이라면 긴 글로는 쉽게 내용을 수정할 수 있다.

해설 개인적으로 관심 있는 주제를 사진을 활용하여 적절하게 구성할 수 있는 것은 블로그의 특징입니다.

**3** 다음 웹툰은 무엇에 대한 내용인가요? ( ② )
① 자연 재해
② 불법 주차
③ 형제간의 갈등
④ 반려 동물 기르기
⑤ 여러 나라의 인사말

해설 웹툰에서 인물들은 앞에 불법 주차한 상황에 대해 이야기하고 있습니다.

**4** 다음은 어떤 매체를 활용할 때에 좋은 점인가요? ( ⑤ )
- 사진이나 그림, 도표 등 시각적인 자료로 정보를 쉽게 파악할 수 있다.
- 항목이 나누어져 있어서 긴 글로 읽을 때보다 더 쉽게 이해하고 기억할 수 있다.
- 정보에 대한 다양한 해심 내용을 다루고 있어 호기심을 해결할 수 있다.

① 블로그
② SNS
③ 인터넷 백과사전
④ 인터넷 게시판

해설 사진이나 그림, 도표 등 시각적인 자료로 정보를 쉽게 파악할 수 있으며, 항목이 나누어져 긴 글을 읽을 때보다 더 쉽고 이해하고 기억할 수 있으며, 정보에 대한 다양한 핵심 내용을 다루고 있어 호기심을 해결할 수 있는 좋은 점을 가진 매체는 인터넷 백과사전입니다.

## 확인 문제 »

**5** 다음을 알맞게 선으로 이으세요.

SNS 광고

텔레비전 광고

해설 위는 텔레비전 광고이고, 아래는 SNS 광고입니다.

**6** 텔레비전 광고의 특징을 두 가지 고르세요. ( ①, ③ )
① 영상을 통해 정보를 전달할 수 있다.
② 제품에 대한 반응을 댓글로 볼 수 있다.
③ 음악과 자막을 효과적으로 사용할 수 있다.
④ 제품에 대한 정보를 빠르게 전달할 수 있다.
⑤ 온라인 대화로 연결된 사람들에게 정보를 전달할 수 있다.

해설 영상을 통해 정보를 전달하고, 음악과 자막을 효과적으로 사용할 수 있는 텔레비전 광고입니다.
②, ④, ⑤는 SNS 광고의 특징입니다.

**7** 다음 매체를 알맞게 읽은 친구의 이름을 쓰세요. ( 진태 )

경주: 현서는 소방관에 대해 궁금해하고 있어.
민서: '이야기방 4'에서 3명이 대화하고 있으며, '이야기방 4'에서 4명이 대화하고 있음을 알 수 있어.
진태: 과학 수사대인 준호 아빠와 대화방에서 이야기를 하고 있어.

해설 민서와 현서는 과학 수사대에 대해 궁금해하고 있으며, '이야기방 4'에 4명이 대화하고 있음을 알 수 있습니다.

디지털 매체 학습으로 문해력 키우기

# '디지털독해가 문해력이다'

디지털 매체에서 정보를 알맞게 읽어내는 문해력

◇

교과별 성취 기준을 바탕으로 한 디지털 매체 학습을 중심으로 구성

◇

실생활에서 자주 접하는 다양한 디지털 매체를 제시하여 활용해 보는 활동

◇

디지털 매체를 활용한 다양한 독해 활동과 확인 문제를 구성

◇

학습 내용과 함께 가치 동화를 제시하여 5가지 올바른 가치를 강조

교과서를 혼자 읽지 못하는 우리 아이? 평생을 살아가는 힘, '문해력'을 키워 주세요!

EBS '당신의 문해력' 교재 시리즈는 **약속**합니다.

교과서를 잘 읽고
더 나아가 많은 책과 온갖 글을 읽는 능력을 갖출 수 있도록
문해력을 이루는 핵심 분야별, 학습 단계별 교재를 준비하였습니다.
한 권 5회×4주 학습으로 아이의 공부하는 힘,
평생을 살아가는 힘을 EBS와 함께 키울 수 있습니다.

절단해야 웰든가